Les lectrices ont aimé !

« La sororité dans tout [...] al pour avancer la tête haute [...] e envie de s'assumer. »

Alexian[...]lecturesdalexiane

« Une lecture dont on ressort grandies et apaisées. Julie et Aurélie prônent des valeurs essentielles pour nous permettre d'avancer de façon sereine sur le chemin de la vie. »

Aurélie, de @aurelivres57

« Un livre sans tabou. J'avais l'impression d'être dans un cercle de femmes et d'écouter des mots rassurants dans une empathie palpable. Une belle découverte que j'aurais conseillé à la jeune fille que j'ai été. »

Valentine, de @melonivalentine

« Cet ouvrage apporte un vent de fraîcheur avec son format très original et un contenu aussi décomplexant que positif ! »

Pauline, de @cocondepaulo

« C'est intelligent, rythmé, positif. Psychologiquement, un peu déroutant. À mettre en toutes les mains masculines. »

Florent Delerce

« Une ode universelle à la sororité ! J'ai apprécié les conseils, les citations, les exercices et les portraits de femmes d'hier et d'aujourd'hui... Une véritable mine d'or ! »

Julie, de @hashtaglecture

« Un échange à cœur ouvert, décomplexant et rassurant qui ouvre la discussion sur des sujets sensibles : le deuil, la famille, la sexualité... »

Anaïs, de @talenthypersensible

« Un concept original et une excellente lecture ! Avec ce livre, on se sent comprises et choyées. Il est apaisant, réconfortant, et il nous donne de vraies pistes pour nous sentir mieux. »

Clara, de @lecturedepetiteplume

« Une pépite dans l'air du temps. Aurélie et Julie nous font prendre conscience des forces insoupçonnées que nous avons toutes et tous à l'intérieur de nous. »

Sandrine, de @coconutnsmile

« À travers leurs mots, Aurélie et Julie sèment des graines que nous regardons pousser, ligne après ligne, pour composer un bouquet de compréhension, d'union et de solidarité. »

Audrey, de @bohemia.yoga

« Ce sont des valeurs que j'aimerais transmettre à ma fille, loin des clichés de la société. Une philosophie positive pour être une femme libre et authentique. »

Priya, de @creatrice_de_paillettes

« Un échange entre deux femmes modernes et ouvertes qui devrait être lu par toutes les adolescentes en proie aux doutes sur leur condition de femme ! »

Constance, de @constance__rose

« Un récit troublant de justesse, intense et rassurant. Parce que nous ne sommes pas seules. Je ne suis pas seule. »

Angélique, de @lesmotsdelune

Aurélie Godefroy
et Julie Laurent Marotte

À nos sœurs, nos mères, nos filles

La puissance de la sororité

LEDUC

Leduc s'engage pour une fabrication écoresponsable !
« Des livres pour mieux vivre », c'est la devise de notre maison. Et vivre mieux, c'est vivre en impactant positivement le monde qui nous entoure ! C'est pourquoi nous choisissons nos imprimeurs avec la plus grande attention pour que nos ouvrages soient imprimés sur du papier issu de forêts gérées durablement, et qu'ils parcourent le moins de kilomètres possible avant d'arriver dans vos mains ! Pour en savoir plus, rendez-vous sur notre site.

Édition : Isabelle Chave
Correction : Clémentine Sanchez
Maquette : Élise Bonhomme
Design de couverture : François Lamidon
Photographie des auteures : Catherine Delahaye
Illustration : © Shutterstock / Ozornina Kseniia

10, place des Cinq-Martyrs-du-Lycée-Buffon
75015 – Paris, France
ISBN : 979-10-285-2045-8

Sommaire

À toutes les femmes qui nous ont ouvert le chemin,
À celles qui nous liront,
À ma Philo, dont je suis déjà si fière.
Aurélie

À toutes les femmes de ma vie.
Julie

Préambule

Nous sommes un beau soir d'avril, le temps s'est figé. Voici plusieurs semaines déjà que la France retient son souffle, face à une épidémie inédite. Et l'on apprend un nouveau mot : « confinement ». Chacune de notre côté, nous tentons de traverser au mieux cette période étrange, jusqu'au jour où nos deux voix se rejoignent autour d'un rendez-vous hebdomadaire sur Instagram, un Instalive baptisé « Loin mais ensemble » que nous consacrons à nos préoccupations de femmes : préoccupations psychologiques, physiques, spirituelles, tout à la fois concrètes et complexes, qui nous interrogent sur des questions aussi différentes que le corps, le consentement, le courage, la confiance, les deuils...

Les retours de celles qui nous écoutent se révèlent très vite positifs et joyeux, une satisfaction pour nous d'avoir pu distiller un peu de légèreté et de convivialité en ces instants si lourds. C'est à la fin du (premier) confinement que nous avons souhaité, en constatant la demande de celles qui nous avaient suivies et leur déception de voir cette petite bulle hors du temps s'interrompre, poursuivre nos discussions.

Cela se fera de manière différente : à travers un livre, ce livre, qui prendra la forme d'un échange épistolaire, et non celle d'un dialogue plus classique. Une façon pour nous de garder le ton de la confidence, de la réflexivité, de nous livrer aussi avec plus de liberté. Et, comme lors de nos Instalive, nous avons souhaité terminer nos échanges par une sophro-méditation ou des conseils concrets afin d'alléger ou d'embellir votre quotidien. Nous sommes en effet convaincues que la théorie est importante, mais que la pratique est essentielle.

Au fil de nos échanges virtuels et épistolaires, un thème est ressorti de manière évidente : celui de la sororité. Voici un mot qui depuis quelques années, quelques mois, devient de plus en plus familier. Il entre petit à petit dans notre vocabulaire, on le lit dans les magazines, on l'entend dans les podcasts... Il est presque devenu familier, comme un mot tout neuf sorti tout droit de l'imagination d'un groupe de femmes activistes ou même de féministes.

Pourtant ce mot n'est pas si jeune, il est né dans les années 1970 d'un besoin de nommer autrement la fraternité au féminin. À la question parfois posée : « Vous n'avez pas peur que ce mot finisse par saouler les gens à la longue ? », nous pouvons répondre d'une seule voix que le mot *fraternité* n'a lui jamais embêté personne et que ces deux mots ne s'opposent pas, ils se complètent. Comme le *yin* et le *yang*.

Alors bien sûr, le mot *fraternité* peut englober tout le monde : les hommes et les femmes dans un même élan. Mais si nous nous plaçons sous le signe de l'égalité et de l'entraide entre les sexes, il n'en est rien en réalité. C'est un fait de nombreuses fois constaté : les hommes s'entraident, plus qu'ils n'aident les femmes à évoluer et à prendre des places « importantes », voire à prendre leurs propres positions. Combien d'hommes supportent vraiment de gagner moins que leurs conjointes ?

Les mentalités évoluent, c'est vrai, mais il reste encore un long chemin à parcourir avant une véritable égalité et cette fameuse fraternité applicable à tous et toutes.

C'est donc au travers de cette sororité que les femmes découvrent l'opportunité de se faire entendre. Pour cela, il faut se serrer les coudes, s'entraider et, plus encore, se valoriser, s'encourager les unes les autres, laisser enfin de côté cette bonne vieille jalousie, celle qui a justement servi de facilitateur à la gent masculine pendant des siècles : « diviser pour mieux régner », ça vous dit quelque chose ?

C'est une autre vision de la vie qui s'offre à nous. Nous avons tout à inventer et à expérimenter en tant que femmes et entre femmes, saisissons cette chance ! Nos mères ont fait de leur mieux, nous faisons de notre mieux et nos filles feront de leur mieux avec ce qu'on leur léguera, alors faisons en sorte de leur préparer efficacement le terrain.

Sœurs, réveillons-nous, entraidons-nous, le temps est venu ! Nous avons encore beaucoup à inventer et à créer ensemble.

C'est justement ce que nous avons expérimenté toutes les deux avec ce livre. Discuter entre femmes, ce n'est pas être toujours d'accord sur tout, mais cela peut être extrêmement constructif et nourricier. On se nourrit de l'autre, de ses différences, de ses points communs, de ses victoires, de ses défaites, de ses joies, de ses peines et ce sont ces échanges qui rendent la perception que nous avons du monde et de la vie plus riche.

Nous avons traversé cette écoute et cette découverte de l'autre, nous nous sommes fait progresser mutuellement.

Ouvrons-nous aux autres et aussi à ces autres qui ne nous ressemblent pas, car c'est à cette essence de femmes que notre époque nous demande de nous relier, pour retrouver le courage, la résilience et la confiance.

- 1 -

Le courage

« Dans la vie, tu obtiens ce que tu as le courage de demander. »

Oprah WINFREY

De : Aurélie
À : Julie

Comme toi, j'imagine, la disparition de Gisèle Halimi hier m'a profondément bouleversée. Encore un phare qui s'éteint dans notre époque troublée... En redécouvrant son parcours (je l'avais déjà croisée lors d'une émission de télévision), je me demande bien où cette avocate a trouvé le courage de puiser son sens viscéral de la justice, pour mener ses combats historiques en faveur des femmes. Défendre avec la même exigence l'éducation, la contraception et le droit à l'avortement : quelle audace !

Vivre et assumer ses combats, ne pas se dérober au danger, c'est loin d'être facile, mais je pense que chacune à notre niveau, dans notre vie quotidienne, et plus encore, nous devons nous rapprocher de notre « mission de vie ». Un vieux proverbe nous dit que le courage et la peur sont frère et sœur ! C'est un exercice quotidien, qu'il n'est pas toujours facile de mettre en place, mais il s'agit alors de se poser les bonnes questions : en se demandant ce que l'on ressent, en faisant un état des lieux de la situation et surtout en se demandant comment agir pour aller de l'avant. Et cela vaut le coup : lorsque l'on développe des comportements courageux et de confiance en soi inébranlables, l'Univers sait nous répondre ! Guettons ses signes !

Une petite « routine » peut nous y aider, en s'autodisciplinant tout d'abord : s'organiser, prioriser ses tâches, ne pas avoir peur de dire non !

En s'écoutant : car finalement, avoir du courage, n'est-ce pas aussi accepter ses moments de fatigue, d'émotion ou de frustration ?

En faisant, enfin, preuve de souplesse : sortir de notre zone de confort en identifiant nos croyances, les stratégies d'autosabotage que nous mettons inconsciemment en place.

Tout cela implique de se responsabiliser, car poser ces actes courageux, c'est aussi faire un pacte avec soi-même. Car finalement, l'essentiel n'est pas où nous en sommes dans notre vie, mais savoir et décider ce que nous voulons concernant notre situation. Le mot d'ordre est « action » ! Car il nous faut instaurer une dynamique orientée vers nos objectifs. Étape par étape. S'il peut sembler plus facile de se cantonner à des solutions faciles et confortables, n'oublions pas que nous nous élevons en nous mettant au défi. N'attendons pas la souffrance, le mal-être et la pression pour opérer des changements, même les plus minimes, dans notre vie. Et là, je dirais que lorsque nous oublions nos engagements, l'aide de nos proches pour nous les rappeler est la bienvenue !

De : Julie
À : Aurélie

En ce qui me concerne, le courage a de multiples facettes. Tu me parles de Gisèle Halimi (et tu as raison d'évoquer sa « redécouverte », car sa disparition, loin d'éteindre ses combats, met à nouveau une lumière éclatante sur ses nombreux engagements), mais le premier visage qui me vient immédiatement à l'esprit est celui d'une grande dame que j'affectionne particulièrement. Elle incarne tout ce qu'il est possible d'associer à ce mot ; j'ai d'ailleurs une photo d'elle posée sur un meuble, bien en évidence dans mon salon, et quand parfois mon cœur se fend et que justement je manque de courage ou d'entrain, je plonge mon regard dans ses grands yeux bleus, je contemple son sourire délicat, j'y trouve souvent l'énergie dont j'ai besoin pour repartir… Cette grande dame, c'est bien sûr Simone Veil.

Simone Veil est pour moi, par son histoire, celle qu'elle a subie puis celle qu'elle s'est construite, par son parcours politique, par ses combats rudement menés, l'une des plus grandes figures de courage qu'il soit.

Mais comment a-t-elle fait ? Où a-t-elle trouvé tout ce courage face aux épreuves ? Le courage était-il présent au fond d'elle ou a-t-il été le fruit de sa seule volonté ? Je me suis posé la question et j'ai cherché. J'ai découvert tout d'abord une enfance heureuse, l'amour de sa mère, la complicité avec ses sœurs quand elle était petite, ses amitiés au lycée ou chez les Éclaireuses, le socle d'une mise en confiance durable. Puis l'ajout d'un potentiel de résilience hors du commun a ensemencé ce terreau de courage, cette résilience est une qualité qui n'est sans doute pas distribuée équitablement à chacune d'entre nous. Je me dis, au fond, que courage et résilience sont des mots qui se subliment quand on les additionne.

Alors, évidemment, il y a un risque à parler de femmes connues et hors du commun. On se dit : « Oui, mais elles, elles sont exceptionnelles, je n'y arriverai jamais. » Eh bien justement, ce serait une erreur. Il est essentiel d'avoir des modèles, des références, des icônes… Pas pour les idéaliser, mais pour s'en inspirer, pour simplement se dire que « c'est possible ». C'est en effet possible de trouver la force en soi, mais il faut pour cela rechercher ses propres leviers : ce sera le souvenir d'une grand-mère aimante, d'une mère travailleuse, de la douceur d'une tante, du regard bienveillant et encourageant d'un professeur… Nous avons toutes en nous les ressources pour avancer, rebondir, partir, tenir… Chacune à notre manière, avec nos capacités, et c'est cela qui est merveilleux ! Toute cette diversité de courage est merveilleuse. Nous ne serons pas toutes des Simone Veil, évidemment, mais il est possible de chercher un courage qui nous ressemble, nous convient et s'adapte à l'épreuve que nous avons à traverser.

Je croise quotidiennement des femmes « ordinaires » incroyablement courageuses et admirables qui se cachent bien souvent derrière un sentiment d'infériorité ou de normalité auxquelles j'ai juste envie de dire : « Les filles, vous êtes, vous aussi, des super-héroïnes ! Montrez-vous, soyez fières de ce que vous faites, assumez les belles personnes que vous êtes ! »

Le courage vient le plus souvent du plus profond de notre cœur, de notre âme, il est comme une petite flamme qu'il est nécessaire d'entraîner et de nourrir tout au long de notre vie. Parfois, le courage se manifeste sous la forme d'un instinct de survie, comme une goutte d'eau qui fait déborder un vase déjà bien plein et donne la force de dire : « Stop » et de partir, de nous éloigner d'une relation toxique ; il peut apparaître aussi telle une énergie que l'on trouve en soi pour avancer, pour aider à repousser le fond, à rebondir et à repartir alors que le corps n'y arrive plus. La vie nous fait passer par des épreuves que l'on imagine insurmontables et que, pourtant, on dépasse.

Ce sont cette force et ce courage qu'a sans doute trouvés Simone Veil au plus profond d'elle-même du haut de ses seize ans. Elle a fait face à l'inacceptable et à l'horreur des camps, et notamment la perte terrible de ses parents et de son frère.

En 1974, lors de sa plaidoirie parlementaire, face à un hémicycle principalement composé d'hommes hostiles au projet de loi relatif à l'interruption volontaire de grossesse, qui portera son nom, elle exprimera la même détermination et le même courage.

Le courage, c'est donc bien cette force d'avancer quand tous les éléments semblent contre nous, la force d'oser, de prendre des risques, de vivre malgré les épreuves, de refuser que tout s'arrête. Et puis, le courage, c'est aussi le choix ne pas être « la bonne fille », « la fille bien sage qui est là où on l'attend », « la fille qui ne fait pas de bruits, pas de vagues », « la fille qui fait plaisir aux autres »... Cela te parle-t-il ?

Et si nous arrêtions d'être ou de vouloir être des filles parfaites ?

Et si nous laissions de côté, une bonne fois pour toutes, ce que la société attend de nous au travers de ses préjugés ?

Arrêtons par exemple de nous poser trop de questions ou de nous autocritiquer, ou encore de nous autosaboter avec les fameux « Je ne suis pas assez comme ci ou comme ça », « Je n'ai pas assez de cela », en privilégiant plutôt l'autocompassion, en devenant notre meilleure amie et en ayant sur soi un regard bienveillant quand on se sent en échec ou en souffrance. C'est tout d'abord se poser la question suivante : « Comment est-ce que je soutiendrais une très chère amie dans cette situation ? » Et s'appliquer ce conseil à soi-même ensuite. C'est aussi identifier et exprimer ce que l'on a envie de dire (à l'oral ou à l'écrit), accepter ce que l'on ressent sans se juger, se souvenir que nous sommes toutes interconnectées et donc jamais seules, s'encourager, être reconnaissantes pour toutes les choses qui vont bien dans notre vie, passer ensuite en action et à son rythme…

Ensuite, entraînons-nous et apprenons à nos filles la persévérance, la volonté d'essayer, de foncer, d'avancer et d'être surtout potentiellement et génialement imparfaites et que c'est OK !

Comme dit si bien Reshma Saujani, « nous devons montrer aux filles qu'elles sont aimées et acceptées, non parce qu'elles sont parfaites mais parce qu'elles sont courageuses ».

Et toi, Aurélie, tu as certainement eu tes propres moments de courage dans ta vie, tu m'en parles ?

De : Aurélie
À : Julie

C'est amusant que tu me poses cette question aujourd'hui, car s'il est difficile d'exposer les moments d'audace dont on a pu faire preuve dans notre vie, il me semble que je viens de vivre un épisode qui m'a demandé, sans fausse humilité, un sacré courage, et j'ai mis plus de vingt ans à le trouver.

Certes, j'ai déjà vécu des moments qui pourraient sembler on ne peut plus traumatisants comme un début de cancer, le tsunami ou encore des épisodes délicats dans des pays en guerre comme l'Irak, par exemple, mais finalement, les moments où je me suis trouvée le plus courageuse sont souvent liés à mon histoire personnelle et à mes propres « prisons intérieures ».

Quitter un job bien payé mais qui ne convient pas éthiquement, se séparer d'un conjoint avec le mal que cela peut faire autour de soi, requiert, à mon sens, de sacrées ressources.

Mais pour revenir à mon propos du début, ce qui m'a demandé le plus de courage est de couper les liens toxiques avec certains membres proches de ma famille. On nous enferme souvent dans une image, avec une étiquette et un rôle à jouer au sein de celle-ci... Même si je sais (et heureusement !) que beaucoup de familles sont merveilleuses, il m'aura fallu du temps pour admettre, tout d'abord, que la mienne était dysfonctionnelle, mais qu'il fallait aussi m'en libérer, pour moi et pour ma fille. En effet, tu le sais, les schémas familiaux et les blessures transgénérationnelles ont la vie longue... C'est chose faite aujourd'hui, il y a forcément un moment de « deuil », mais j'ai compris que le plus important est d'être en cohérence et DONC d'avoir le courage de se positionner, afin de laisser la place à ce qui compte réellement pour nous et surtout ce qui nous élève... Car n'oublions pas que la vie est courte !

Pour terminer, il me semble important d'évoquer un aspect indissociable du courage, la peur, car malgré toute notre bonne volonté, nous ne pouvons avancer qu'une fois nos craintes et notre anxiété surmontées. Ce n'est pas toujours évident de garder foi en ses objectifs, et la peur peut insidieusement nous en détourner et nous empêcher de déployer tout notre potentiel. Il s'agit d'arrêter de nourrir les présupposés fondés sur les fausses croyances, car c'est comme tout : plus nous les alimentons, plus ils ont de chances de se réaliser. L'état vibratoire de la peur est faible et il ne fera qu'attirer les choses que l'on ne désire pas.

Attention donc à dispenser notre énergie et notre attention avec discernement !

De : Julie
À : Aurélie

J'ai envie de rebondir sur tes propos en te disant que, en effet, bien souvent dans nos actes de bravoure se trouvent une part de deuil à faire, d'acceptation au changement, mais aussi une farouche envie de vivre, d'avancer malgré l'épreuve.

En parlant de famille..., je vais te parler de mon père, toujours vivant lui, mais dont je n'ai plus de nouvelles depuis quelques années.

Malgré tout, aujourd'hui, je peux dire que c'est OK, je lui pardonne son incapacité à être présent, solide et impliqué. Il m'a fallu faire le deuil d'un père, du père idéal, de ce lien merveilleux qui peut exister entre un père et sa fille et de ce que tout ce lien peut apporter, en tout cas tel que je l'imagine, autant pour le confort psychique que pour la force intérieure que cela donne. Cette force intérieure, je l'ai donc construite seule en essayant d'accepter, jour après jour, la non-existence de ce rapport père-fille pourtant si essentiel et sans doute rassurant.

Faire le deuil de quelqu'un de vivant est pour moi l'un des plus difficiles à faire car, de fait, on renonce au temps où tout est encore possible.

Mais en même temps, ce non-lien avec mon père m'a aussi permis d'être libre. Je ne réponds ainsi à aucune injonction que je pourrais recevoir, même inconsciemment, de sa part. Son absence est donc à la fois cruellement injuste et incompréhensible, mais libératrice d'une certaine façon. Il ne m'impose rien. Aucune image, aucune attente particulière. Aujourd'hui, je garde le meilleur de mes moments avec lui quand j'étais enfant et de ces promenades en voiture que nous faisions ensemble en écoutant et en chantant des morceaux de rock des années 1970 à tue-tête et en faisant des dérapages contrôlés sur le parking d'un supermarché quand le sol était recouvert de neige, tant de moments complices que nous taisions à ma mère car elle n'aimait pas cela. C'étaient des moments joyeux et différents de ceux que je pouvais partager avec ma mère, et c'est cette complémentarité d'éducation qui fait aussi que je suis comme je suis, le mélange de deux êtres singuliers et différents. Ma petite fille intérieure n'a pas manqué de père, il a plutôt été un père particulier mais que je n'échangerais pour rien au monde, c'est à la femme que je suis qu'il manque aujourd'hui.

Maintenant, ne faut-il pas en tant qu'adulte être capable de s'éloigner, de couper certains liens (surtout lorsqu'ils sont toxiques) pour être vraiment soi, pour trouver le courage d'être soi ? Et enfin réussir à accepter ce qui est ? Accepter avec courage d'admettre que nos parents ne sont pas parfaits et qu'ils ont simplement fait de leur mieux (et le font encore si on a la chance qu'ils soient vivants), qu'ils ont fait avec leurs failles, leurs deuils parfois impossibles à surmonter ?

Penser ainsi m'apaise. Je ne veux plus me poser de questions qui demeureront sans réponse. À quoi cela me servirait-il ? À me torturer ? Non merci.

Le courage

Restons libres de ne pas nous torturer ! La vie nous envoie bien assez de défis sans que l'on se sente obligés d'en ajouter !

Alors, à la question de certaines personnes : « Que s'est-il passé avec ton père ? » – car on dirait qu'il faut absolument argumenter et expliquer les choses pour qu'elles soient entendables – je réponds : « Rien, je ne sais pas, allez lui demander ! »

Je suis dans le courage d'être moi et de faire mes propres choix, et c'est déjà un vrai défi ! Le courage de rester en lien avec moi-même, mes besoins, mes envies, et d'y rester fidèle. Je veux avoir le courage de ne pas me lâcher, de ne pas m'abandonner et de faire du mieux possible. Et puis qui m'aime me suive ! Les personnes qui ne m'aiment pas ont le droit de ne pas m'aimer, celles qui ne savent pas aimer aussi ont le droit de ne pas savoir aimer et de ne rien faire pour progresser, mais je fais en sorte que cela ne m'atteigne pas. Je me dis : « Rien à faire ! », c'est ainsi.

Peut-être as-tu l'impression que c'est défaitiste de penser comme cela, mais je suis convaincue que nous ne pouvons agir que sur nos actions, pas sur celles des autres, alors pourquoi s'en rendre malade ?

Qu'en penses-tu ?

De : Aurélie
À : Julie

Je suis d'accord avec toi et il nous faut bien avancer, cela ne sert à rien de continuer à se torturer. Beaucoup d'entre nous sommes issues d'un environnement qui peut être difficile et je pense que pour trouver ce courage, il faut vraiment s'orienter vers la notion de responsabilité (contrairement à la culpabilité).

Nous avons grandi dans une atmosphère qui ne nous a pas fait « que » du bien, provoquant souvent des croyances, des sentiments intérieurs qui ne sont pas à la hauteur de notre potentiel.

Difficile de trouver dans ces conditions notre axe personnel, d'oser briller, de mettre en lumière nos zones d'ombre pour avancer. Quand on n'est pas éduquée pour cela, il faut remettre un terreau fertile et adapté pour planter de nouvelles graines, et ensuite changer sa relation à l'environnement.

Certaines situations de vie, non voulues, sont celles qui nous font grandir. Et finalement, ce qui est important dans une crise, n'est-ce pas la manière de la gérer ? S'ouvrir à ce que l'on n'a pas prévu pour coconstruire avec ?

Je pense que cela passe par de vrais choix de vie, animés par un sens que l'on retrouve dans les valeurs. Nous sommes toujours à l'endroit parfait pour une transformation, que ce soient des microchangements puis de grands changements. Nous sommes les seules responsables de notre propre bonheur, et la clé est, selon moi, de prendre, dans ce contexte, notre responsabilité : reconnaître que notre environnement ne nous convient pas, ne répond pas à nos attentes… La seule manière de répondre est : « Comment vais-je réagir aux événements ? »

Passer de la dévalorisation à l'accueil, jusqu'à la bénédiction (eh oui !).

Le courage

Accueil de ce qui arrive : qu'est-ce que je vais trouver, même si au début je ne le vois pas ? C'est souvent un cadeau mal emballé du ciel qui aide à grandir !

La vraie question est : « Que faire de cela ? » Et on ne peut trouver le courage du changement tant que l'on n'est pas dans « l'amour de situation », on parle même de la « bienveillance de la situation » dans le bouddhisme. Accepter ce qui est pour pouvoir l'appréhender au mieux. Cela me rappelle aussi la réflexion de Nietzsche (un de mes maîtres) pour qui aimer la vie, être heureux, c'est l'aimer avec le malheur qu'elle contient. Selon lui, il faut donc dire pleinement « oui » à la vie, « oui » à son destin (il parle d'*amor fati*). Il ne s'agit pas ici d'un « oui » résigné, c'est un « oui » direct, spontané, actif, qui avance vers son destin avec une confiance joyeuse.

C'est en effet ici que le choix de ce que l'on veut vraiment intervient : car le changement d'état d'esprit, de conscience, précède celui du comportement. Il faut donc faire preuve de discernement, savoir ce qui est important, faire un projet puis mettre en place des stratégies pour pouvoir atteindre son objectif.

Finalement, la seule vraie question pour trouver du courage serait : quel est mon prochain pas ? Car il s'agit ni plus ni moins que d'une succession d'actions alignées sur les ambitions, mais aussi sur nos valeurs.

Et toi Julie, as-tu des « tips » à nous donner pour trouver ce fameux courage ?

De : Julie
À : Aurélie

Je suis d'accord avec toi quand tu dis que le plus important dans une crise est notre manière de la gérer. C'est cette étape cruciale qui va nous permettre de nous reconnecter à notre vrai moi, notre âme, donc à nos capacités de rebondir, à nos ressources souvent insoupçonnées, à notre force intérieure et à notre courage à toute épreuve.

C'est quand je me suis sentie le plus démunie face à une situation que s'est développé en moi le « courage de l'affronter ». C'était là, au fond de moi, et je l'ignorais. Comment reconnaître que c'est LE moment de nous reconnecter au COURAGE en nous ?

À cet instant, j'ai eu pleinement conscience de la possibilité de deux routes totalement opposées : soit je laissais tomber et j'abandonnais au risque de porter mon fardeau pour longtemps, soit je décidais de me battre et de continuer à vivre avec l'opportunité de le rendre moins pesant.

Il faudrait parfois plus de temps et il ne nous est pas toujours donné. Le plus souvent, on en manque pour digérer et faire les bons choix, il faut puiser tout de suite et très fort dans cette essence de courage. Hier, j'ai appris le décès d'un jeune homme que je connaissais, il avait trente et un ans et était un très jeune papa. Il est mort d'un cancer foudroyant, en quatre mois ! L'impensable. Comment va faire la femme de cet homme ? Comment peut-elle continuer à avancer et vivre après ce genre d'épreuve ? Et les parents de ce jeune homme ?

Comment peut-on accepter cela ?

Le courage

L'année dernière, une amie très proche, jeune encore, est décédée dans son sommeil, arrêt cardiaque, elle était maman de jumeaux d'un an. Comment son mari fait-il pour trouver la force, le courage d'élever ses deux petits ?

Je pense que dans ces cas précis, le courage vient de la volonté de se battre pour ses enfants. Le courage vient souvent de nos enfants, de nos petits-enfants, mais aussi évidemment de nos passions, de la vie tout simplement, en nous ou autour de nous. C'est ici que se fait la différence entre volonté et courage. La volonté vient pour moi du mental, quand le courage vient davantage des « tripes ». Il me semble que les efforts d'une mère qui se lève à 5 heures du matin pour faire des ménages et subvenir aux besoins de sa famille, de ses enfants qu'elle élève seule, relèvent du domaine du grand courage. Faire un saut en parachute est courageux mais ne demande pas le même type d'énergie de courage, c'est plus en lien avec la volonté de se dépasser, de repousser ses limites et de gérer des situations extrêmes.

Bouddha a dit : « Accepte ce qui est, laisse ce qui était et aie confiance en ce qui sera. »

Rester coûte que coûte dans le moment présent, voilà l'une des « solutions ». Prendre le moment présent comme un précieux baluchon réconfortant et ne pas le lâcher.

Face à la plus grosse épreuve de ma vie à ce jour, c'est le dépassement de moi-même grâce au sport qui m'a redonné l'élan de vie, l'élan de courage d'avancer que je n'avais presque plus.

Il y a quelques années, j'ai été responsable d'une petite salle de sport ; les conditions d'exercice étaient particulièrement difficiles et j'étais très fragilisée par la situation. Qui plus est, il n'y avait pas beaucoup d'activité et je m'y ennuyais ; alors je courais un peu tous les jours sur un tapis de course (moi qui déteste courir), cela meublait mon corps et mon esprit, c'était l'occasion de m'entraîner autrement, de tester autre chose. Jusqu'au jour où un client est venu vers moi, un ancien militaire, et m'a dit : « Tu veux progresser ? »

Moi, je pensais intérieurement : « Je veux surtout aller mieux » et je lui ai simplement répondu : « Euh, oui, bien sûr ! » et il m'a mise au défi : « Alors tu vas courir, mais vraiment ! »

Il m'a fait faire du « fractionné », au début à 12 km/heure, puis plus rapidement au fil des semaines, à 13, 14, 15, 16 km/heure entre 30 secondes et 1 minute suivant son humeur avec quelques secondes de répit entre chaque série. J'ai failli vomir plus d'une fois, mais je m'en suis bien gardée et aussi de le lui montrer. J'ai serré les dents et je me suis dépassée, j'ai bousculé mes croyances en mes capacités. J'ai progressé petit à petit.

C'est cette capacité insoupçonnée de mon physique qui m'a (entre autres) permis de tenir le coup à l'époque, d'affronter la situation, de trouver le courage d'accepter et d'avancer sur mon nouveau chemin de vie. Si mes jambes, mon cœur et mes poumons étaient capables de tenir ces fractionnés délirants, je pouvais en faire de même avec mon mental et avec ma vie.

Le sport est donc selon moi l'un des moyens de nous connecter au courage, à la force de notre âme. Se dire : « Oh non, je ne peux pas, je n'ai pas le courage de bouger » est un leurre. Le corps a besoin de bouger pour se débarrasser des mauvaises énergies, pour se dépoussiérer l'esprit ! Tôt ou tard, je suis convaincue que c'est important de remettre son corps en mouvement et donc en JOIE !

Le courage

Pas besoin de se torturer physiquement ! Le yoga et la danse sont aussi des super-thérapies en soi.

Parfois, il faut du temps, le temps nécessaire à la reconnexion, à l'élan. Alors, juste se reconnecter à sa respiration, son souffle. Ne rien attendre de particulier. Accepter les émotions qui nous traversent, laisser sortir les larmes qui sont là, aller se promener en forêt et crier un grand coup (s'il n'y a pas de forêt à proximité, crier la tête dans un coussin de toutes ses forces et/ou taper dessus), si l'on aime l'eau, aller crier la tête sous l'eau de toutes ses forces !

Et puis après, plus rien. Attendre. Accepter encore que l'énergie, le courage, ne soient pas encore revenus. C'est OK.

Respirer encore. Accueillir. Et plus précisément, comme tu le dis si bien : accueillir ce qui va se présenter à un moment donné, même si on ne le voit pas tout de suite.

Le mot « courage » vient du latin *cor*, le « cœur ». Le cœur, qui n'est pas seulement un organe qui nous fait vivre, symbolise aussi l'amour et le centre de nous-mêmes, le centre de nos valeurs, nos essentiels. Le courage, tout au long de notre vie, est ce qui nous a permis à toutes deux d'avancer, de bousculer les *a priori*, de faire face et de surmonter les épreuves.

Afin de pouvoir optimiser toutes nos capacités, de renforcer et de nourrir notre valeur de courage, nous vous suggérons une pratique qui vous permettra, à vous aussi, de trouver ou de retrouver, d'ancrer le courage qui est en chacune de nous.

Nous vous proposons donc d'adopter dans un premier temps, la « posture de l'homme » – que nous rebaptisons « la posture de la FEMME » – debout, forte et fière ; c'est aussi une posture que l'on retrouve en yoga sous le nom de « posture de la montagne ».

Placez-vous debout, les pieds de préférence nus et légèrement écartés pour être stable, vous pouvez fermer les yeux, les bras relâchés le long du corps, légèrement écartés, et la paume des mains tournée vers l'avant.

Si cette position debout ne vous convient pas, vous pouvez évidemment vous placer sur l'avant d'une chaise, le dos droit, les mains sur les cuisses, les yeux ouverts ou fermés.

Prenez le temps de ressentir votre posture, les points d'appui de votre corps, vos pieds en contact avec le sol (et la chaise en dessous de vous)… Portez maintenant votre attention sur votre respiration, sans la juger, sans l'interpréter…

Inspirez puis expirez tranquillement, calmement. Sur une longue expiration, vous allez chasser progressivement toutes vos tensions, vos peurs, tout ce que vous ne voulez plus, tout ce qui vous empêche d'aller parfois de l'avant, votre petit vélo mental souvent saboteur…

Vous pouvez recommencer autant de fois que vous le souhaitez…

Et puis vous allez peu à peu dégager votre poitrine et ouvrir vos épaules tout en continuant à respirer profondément et avec confiance. Vous prenez conscience de l'importance de votre existence, de ce que vous souhaitez accomplir dans votre vie…

Connectez-vous à présent à une sensation, à une image qui représente pour vous la force, le courage, la confiance. Peut-être est-ce l'image d'une femme, d'un animal que vous trouvez courageux et/ou fort, observez sa posture, ressentez son énergie… Et répétez mentalement ou à haute voix une phrase positive comme : « Je me sens courageuse et forte », « J'ai toutes les capacités en moi », ou une autre que vous ressentez comme « juste » dans votre cœur et votre corps quand vous la répétez. Vous pouvez la répéter autant de fois que vous en ressentez le besoin. Il faut simplement que ce mantra soit positif et formulé au présent, comme si c'était déjà là en vous de façon radicale, sans doute possible.

Et puis, sur une grande inspiration, vous levez vos bras au-dessus de la tête en vous étirant légèrement et, sur l'expiration, vous abaissez vos mains et ressentez cette énergie pénétrer dans chacune des cellules de votre corps.

Vous avez désormais en vous l'énergie du courage dont vous avez besoin. Respirez profondément, souriez, ouvrez doucement les yeux et étirez-vous. Vous êtes le courage incarné !

Olympe de Gouges (1748-1793)

Cette femme de lettres, dramaturge et actrice importante de la Révolution française, est la pionnière du féminisme, mais aussi une fervente opposante à l'esclavage. Grande avant-gardiste, elle publiera en 1791 *Les Droits de la femme* dans lequel elle plaide pour une égalité juridique indépendante du sexe et réclame la mise en place d'« un contrat social de l'homme et de la femme » autorisant le divorce (en lieu et place du mariage religieux) et, surtout, elle s'engage pour la reconnaissance des enfants nés hors mariage. Cette femme de conviction sera guillotinée le 3 novembre 1793, en prononçant ces derniers mots : « Enfants de la Patrie, vous vengerez ma mort. »

- 2 -

Le deuil, des deuils

« Celui qui n'a pas reconnu que la vie est incessante métamorphose n'aura pas sa part du miracle. »

Christiane SINGER

De : Julie
À : Aurélie

Ce sujet sur le deuil me semble bien vaste et complexe à explorer, notamment parce que l'on parle avant tout d'une aventure personnelle et intérieure. Nous ne vivons pas toutes nos deuils de la même manière en fonction de nos personnalités, des situations, de la proximité ou encore de nos croyances religieuses, philosophiques, et de nos expériences. Et, surtout, personne ne peut se mettre à la place d'une autre personne.

La première chose à laquelle je pense quand on parle de deuil, c'est à la mort physique, celle d'un proche, d'un parent ou d'une personne chère, le simple fait de sa disparition. La personne était là et on ne la verra plus. Vient ensuite l'idée que le deuil est aussi ce qui désigne la réaction psychologique consécutive à cette perte et aux différents états traversés par l'endeuillé. Et puis il y a le travail de deuil, celui qui conduit progressivement à la fin de cette épreuve et permet de passer à autre chose.

Il y a d'autres types de deuils sur lesquels j'aimerais échanger avec toi, des pertes symboliques que nous vivons tout au long de notre vie, et plus particulièrement en tant que femmes. Ces deuils réels ou symboliques sont tout autant de vraies morts, elles traversent notre existence et nous façonnent, nous déconstruisent et nous offrent la possibilité de nous reconstruire ensuite, plus comme avant mais autrement.

Après un deuil, quel qu'il soit, nous n'avons d'autre choix que d'avancer, même sur une jambe, même avec une demi-conscience, nous avançons en étant bancales mais pour devenir plus fortes qu'avant, sans doute, plus déterminées que jamais. Peut-être « parce qu'il le faut », parce que nous n'avons pas le choix. Dans notre culture occidentale – je ne connais véritablement que cette culture – il me semble que le deuil garde un caractère tabou, il faut le régler vite fait, bien fait et sans faire de vagues. Il doit être silencieux, rapide, et ne doit pas déranger les gens autour de soi. Peu de temps pour les larmes, le chagrin et l'accueil de cette douleur si vive, celle qui fait si mal. Il faut vite repartir. L'injonction est : « Allez, il faut repartir vite, pas le temps de t'apitoyer, ma fille », c'est très fort et très dur à porter, à supporter.

Je suppose là encore que le deuil que vit un homme sera plus facilement accepté et accompagné que celui d'une femme. Peut-être parce que, dans l'inconscient collectif, un homme doit être choyé, un peu comme un petit garçon fragile, car incapable de se faire à manger seul par exemple ou de gérer seul les enfants. Alors qu'une femme doit savoir faire tout cela, elle a donc moins besoin de cette aide, même si elle est au plus mal. J'ai le souvenir d'une cliente, il y a quelques années, qui avait perdu son mari à l'âge de trente-quatre ans d'un cancer et qui me rapportait des remarques d'« ami·e·s » qui lui disaient seulement quelques mois après le décès de l'amour de sa vie de se mettre sur un site de rencontres pour très vite rencontrer quelqu'un d'autre et avancer. C'est tout de même hallucinant. Ces remarques étaient sans doute bienveillantes, mais incroyablement maladroites. Elle souffrait d'ailleurs de ce manque de patience venant de son entourage. Est-ce que ces mêmes personnes auraient réagi de la même façon si c'était lui qui s'était retrouvé veuf, à élever seul une petite fille de cinq ans ? Je ne pense pas. Dans ce cas précis, il semblait que sa douleur, sa peine, ses manques affectifs et de présence étaient niés, ignorés. Pour moi, toute perte est douloureuse et mérite son temps de « digestion », et chacune doit le parcourir à son rythme et dans l'accompagnement bienveillant de son entourage avec des ami·e·s qui lui feraient par exemple de bons petits plats, lui proposeraient de l'aide pour s'occuper de sa fille, ou pour simplement l'aider.

Car les apparences de femmes fortes sont souvent trompeuses.

Il y a aussi les deuils qui mélangent la mort physique et la mort symbolique, je pense par exemple aux femmes qui doivent faire le deuil d'un fœtus, d'un ou de plusieurs mois, d'un enfant de quelques secondes, de quelques jours, de quelques mois ou de quelques années. C'est certainement l'expérience la plus tragique qu'il soit. Comment se relever après une telle expérience vécue dans sa chair, dans son cœur et dans sa tête ? C'est difficile à imaginer, aux limites de l'impossible, car c'est une situation tellement contraire à l'ordre naturel des choses. Les traces laissées dans le psychisme de la femme sont indélébiles, proportionnelles à ce que la grossesse impose à leur corps et à leur esprit de mère...

Pour le cas des morts périnatales, comment faire le deuil de ce qui n'a pas vraiment existé, d'un bébé senti au fond de son ventre, dans ses tripes, et imaginé dans sa tête, mais qui, au final, n'est pas, qui ne sera jamais tenu ou trop peu de temps dans les bras et n'aura jamais « vu le jour », que même la loi, dans certains cas, ne reconnaît pas ?

Ces deuils-là aussi sont tenus à distance, ils sont tus, inaudibles par beaucoup, et sont donc restés silencieux car sans doute trop violents pour la société. Contraires à la norme, à la logique des choses, ou peut-être car ces femmes ressentent-elles une forme de honte ou de culpabilité et préfèrent se taire en faisant taire leurs souffrances, à moins que ce ne soit par peur d'être jugées ou incomprises ?

Comme, enfin, ces enfants jamais portés, qui hantent l'esprit des femmes qui, toute leur vie, ont rêvé d'enfanter et que la vie a empêché, quelle qu'en soit la cause ou la raison. À qui parlent ces femmes en souffrance ? À qui se livrent-elles ? Beaucoup de larmes, de chagrin, de sentiment d'injustice et de cris de colère doivent couler sur leur oreiller. Si les murs pouvaient parler...

Et pour toi, Aurélie, qu'est-ce qu'évoque le mot « deuil » ?

De : Aurélie
À : Julie

Comme toi, la première chose à laquelle je pense lorsque l'on évoque le deuil est la mort physique. Deuil auquel je n'ai pas encore été (trop) confrontée. Ce qui est plus compliqué aujourd'hui pour moi, ce sont tous ces deuils, petits ou grands, que nous devons faire tous les jours...

Il s'agit notamment de faire le deuil de relations, qu'elles soient amicales, amoureuses ou familiales. Pas toujours facile d'entreprendre ce travail, surtout lorsque l'on a aimé ces personnes. Je voulais te parler ici d'un deuil qui concerne beaucoup de femmes et pour cause : il est déterminant dans leur construction et la manière dont elles-mêmes se comporteront vis-à-vis de leurs enfants, puisqu'il s'agit de celui de l'image de la mère. Comme beaucoup d'autres, j'avais, pour ma part, complètement idéalisé ma mère. Et finalement... tout cela est bien plus complexe. En étant devenue mère moi-même, j'ai réalisé un certain nombre d'injustices et de dysfonctionnements dans les rapports familiaux. Autant j'ai fait, depuis un certain temps, le deuil du père idéal et protecteur, autant cela a été beaucoup plus compliqué avec ma mère. Pourquoi ? Car elle joue, je pense, un double rôle essentiel : par nature et par culture. Il faut bien avouer qu'il est difficile de cesser de se préoccuper de l'opinion de sa mère et de ses réactions à notre encontre. Nos mères, comme toutes les femmes, sont pleines de paradoxes. J'aurais aimé partager plus avec la mienne, et s'il m'arrive d'envier mes ami·e·s qui maintiennent une relation de complicité et de bienveillance (affective et/ou intellectuelle) avec leurs parents, au cours de leur vie, je me suis fait une raison. J'ai mis des années à l'accepter, mais aujourd'hui, même si cela me peine, je ne suis plus dans la colère. C'est ainsi. J'espère juste ne pas reproduire ce schéma avec ma fille (et j'espère également que dans quelques années, ce livre me le rappellera !).

Je me dis que ma mère a fait ce qu'elle a pu de sa vie de femme, qu'elle a aussi dû faire des compromis et qu'elle a sûrement beaucoup souffert. Cet amour archaïque pour notre mère dont nous « devrions » quelquefois nous défaire, en tout cas avec lequel nous devrions prendre des distances, défie les raisonnements et le temps. Lorsque je vois aujourd'hui son regard quelquefois absent, ce rêve d'une vie sûrement différente, j'essaie d'apprendre l'indulgence : faire face aux manquements de l'autre, être lucide tout en acceptant ses failles et continuer à l'aimer. Il s'agit de la seule manière de s'en libérer et d'en faire le deuil : avoir connaissance de cette existence permet de mettre un peu de lumière dans la nôtre.

Les livres de la psychothérapeute Catherine Bensaïd m'ont beaucoup aidée, et cette citation m'a particulièrement marquée : « Être libre, c'est voir sa mère comme une femme qui a sa vie, sa propre histoire, n'a pas à être parfaite ni attendre qu'on le soit [...] Être libre, c'est ne plus porter ses échecs ou malheurs en pensant la guérir ou la réparer, s'interdisant de réussir et d'être heureuse. » Je viens d'évoquer le deuil de « l'image » de la mère, il peut s'agir aussi du deuil d'être mère, ou en tout cas de la manière dont on s'imaginait être mère...

De : Julie
À : Aurélie

Avant toute chose, je vais revenir sur ce que tu viens de me dire en partageant avec toi l'extrait d'un livre que je trouve très juste et qui résonne avec ce que beaucoup de femmes peuvent ressentir ; dans ce livre de Marion Lion-Julin, *Mères, libérez vos filles*, on peut lire qu'« être fille n'est pas toujours facile, grandir est une aventure mouvementée. Accéder à sa liberté demande une acceptation de soi, de ses désirs, de ses capacités, et un renoncement à la dépendance infantile ». Dans ce même ouvrage, l'auteure écrit plus loin : « La mère idéale n'existe pas. Mais ce qui semble essentiel, c'est qu'elle soit en harmonie avec elle-même, qu'elle sache ce qu'elle veut, qu'elle assume ses choix, en tant que femme, en tant que mère. »

Être en harmonie et en équilibre avec ces deux phases en nous. En même temps ou séparément ? Pas toujours simple ni à trouver, ni à assumer.

J'ai été élevée dans une certaine liberté de croyance et d'action et j'ai probablement payé le prix le plus fort de cette liberté au féminin. Vouloir être une femme parfaite (au travail et à la maison) et une mère idéale n'est pas chose aisée, beaucoup de pression pèse sur nos épaules seulement humaines.

Je vais te livrer ici quelque chose dont je parle peu, par peur du jugement, de la critique, de l'incompréhension. Je vais te parler du deuil de la mère en moi, un deuil, comme tous les deuils probablement, mais un deuil que je ne souhaite à aucune mère. Difficile pour moi de te résumer en quelques lignes les neuf années qui viennent de s'écouler, difficile pour moi de te décrire toutes les étapes de cette histoire, il faudrait que j'y consacre un livre entier. Je rêvais d'épanouissement, d'évolution, d'ouverture, d'une vie meilleure, plus ouverte sur l'extérieur et surtout d'un travail épanouissant. Et je rêvais de vivre tout cela avec mes enfants évidemment.

Les femmes de ma famille sont capables de tout assumer, travail harassant et enfants, pourquoi pas moi après tout ?

Mais pour avoir voulu et accepté l'égalité dans mon couple, j'ai sans doute commis une erreur. Cette égalité a un prix, l'ambition a un prix, et il est élevé. Nous avions nos enfants en garde alternée. J'avais repris mes études et je n'avais plus de travail. Une opportunité s'est offert à moi, mais c'était à Paris. Je l'ai acceptée, j'ai dit oui, je n'avais surtout pas le choix. Sans travail, plus de chômage et pas d'argent, comment élever des enfants ?

C'était impossible pour moi de rester là où j'habitais, sans aide financière ni familiale.

Le père a aussi demandé la garde, ça a été une surprise. La juge, qui n'avait sans doute pas beaucoup voyagé dans sa vie, a pensé et décrété tout de go que Paris est « trop fatigant pour des enfants ». J'ai perdu. Touchée, coulée. Ils avaient deux ans et demi et sept ans, je n'ai pas imaginé une seule seconde, et mon avocate non plus, que cela puisse être possible. IMPOSSIBLE. Mon monde s'est écroulé ce jour-là.

Aujourd'hui, l'expression : « Pour toi, je ferais le tour du monde... » prend tout son sens. Ce n'est pas pour moi juste une façon de parler. En neuf ans, j'ai déjà effectué l'équivalent d'un tour du monde et demi en train et en voiture (et ce n'est pas fini) pour voir mes enfants. Et si les larmes pouvaient se quantifier elles aussi, cela deviendrait probablement une rivière.

Imagine, commencer un nouveau travail dans une nouvelle ville avec ce deuil à gérer. Le jour, j'étais au top, souriante et dynamique, « je vais bien, tout va bien ! », surtout ne pas s'apitoyer, je ne voulais à aucun prix que cela puisse être repéré. Cacher. Pour ne rien avoir à justifier. « Comment se fait-il que tu n'aies pas eu tes enfants ? », devoir justifier l'injustifiable. Je suis saine de corps et d'esprit, alors oui, pourquoi ? Ne pas souhaiter en parler car c'est appuyer sur une plaie béante. Ça fait trop mal.

Les premières années, c'étaient des larmes de colère, d'injustice, de manque physique, celui de ne pas pouvoir les toucher, les embrasser, les sentir... Ces moments privilégiés de maman qui me faisaient craquer le soir, pourtant protégée des regards extérieurs entre les quatre murs de mon appartement. Il y avait aussi les larmes pour les vêtements dans l'armoire, les livres d'enfants dans la bibliothèque et les jeux de société, que j'ai toujours voulu continuer d'acheter comme avant, qui n'ont pas suivi le rythme du temps qui passe si vite. Tous ces vêtements qu'ils n'auront pas eu le temps de porter avec moi mais que je continuais à acheter car je ne voulais pas qu'ils aient une valise à balader.

C'est un deuil de mère les dimanches soir, sur le quai de la gare quand je m'en vais, que je quitte mes enfants et cette petite ville. J'ai presque deux heures pour changer de peau, de statut, de vie, de ville. Je passe de mère à femme ou de femme à mère suivant le jour et le sens de la circulation. Épuisante métamorphose entre deux mondes qui ne se ressemblent pas.

C'est le deuil d'un statut. Ils sont vivants, en bonne santé et dans le même pays que moi et je sais évidemment que j'ai de la chance. Mais qu'est-ce qu'une mère sans ses enfants sous son toit, au quotidien ? Même aujourd'hui, dans notre société ? Pour la société, elle n'a pas d'enfant. Néant. Une mère du week-end n'est rien. RIEN.

Je pense aussi en écrivant ces lignes aux femmes qui doivent faire le deuil d'enfants enlevés par des pères à l'étranger, comme Maud Versini qui témoigne dans *Enfin réunis* : « Mais comment leur faire comprendre que si je me laissais aller, je serais engloutie ? Je cadenasse fermement mes émotions. » Je me retrouve encore quand elle écrit : « Je me dis que j'ai de la chance, dans mon malheur, car moi, je sais où sont mes enfants. Ils sont bien traités même si on ne les élève pas à ma façon, ils sont avec un parent et je peux leur parler de temps en temps, même si ce n'est que quelques minutes tous les quelques mois. »

Comment faire le deuil d'enfants vivants que l'on ne peut voir que de temps en temps ? C'est un peu comme une personne à laquelle on retire un membre sans doute, sauf que dans ces cas-là, cela ne se voit pas...

Combien de temps dure un deuil ? Sans doute le temps qu'il faut pour que cette perte ne fasse plus souffrir, ce temps peut durer des mois ou des années. Chacune son rythme et sa méthode pour réparer son cœur et son âme, se reconstruire et avancer... autrement !

Je pense aussi à ces femmes qui voient leurs enfants partir du nid, ces enfants pour qui elles ont consacré tout leur temps et leur énergie. Certaines le vivent comme une libération car elles vont pouvoir enfin vivre leur vie de femme, d'autres vont le vivre comme un abandon et encore un deuil à faire.

Retenons et méditons sur ce que dit Khalil Gibran dans *Le Prophète* :

« ...Vos enfants ne sont pas vos enfants.
Ils sont les fils et les filles de l'appel de la Vie à elle-même.
Ils viennent à travers vous mais non de vous.
Et bien qu'ils soient avec vous, ils ne vous appartiennent pas.
Vous pouvez leur donner votre amour
mais non point vos pensées.
Car ils ont leurs propres pensées. »

De : Aurélie
À : Julie

Bien évidemment je comprends ta douleur et ce deuil de maman que tu as dû faire. Je sais que tu es par ailleurs auprès de tes enfants de manière « différente » certes, mais le plus important est la qualité de ces moments partagés avec eux… et je sais qu'ils ont une super-maman ! Sans commune mesure, moi-même en me séparant du père de ma fille, j'ai eu beaucoup de mal à faire le deuil d'une vie de famille unie et « idéale ». Ce n'était pas dans les « plans », cette séparation. Et même si j'ai en grande partie la garde de ma fille, les quelques nuits où je ne la vois pas, où je suis sans elle, sont un véritable déchirement ! Et je ne parle pas des vacances… Cela fait sourire certaines de mes amies qui me disent qu'il faut couper le cordon et profiter de ce temps pour moi, mais ce lien viscéral est là, je n'y peux rien.

Parmi ces deuils vécus par les femmes, il y a bien celui de ne pouvoir avoir d'enfant lorsqu'on le désire et, moins dramatique, il faut aussi souvent faire le deuil de notre « moi d'avant » lorsque l'on vient d'accoucher : physique et psychologique. Ce fameux « post-partum » ! Une sorte de quatrième trimestre après l'accouchement qui a été longtemps considéré comme tabou, alors que beaucoup de femmes ne sont pas prévenues des effets indésirables de la grossesse, ni de la violence morale et physique que celle-ci peut entraîner. Corps en vrac, immense solitude, pas toujours facile de tout gérer ! Notamment ce corps convalescent, lui aussi corps nouveau-né d'une certaine manière. Preuve en est de ce malaise suscité chez les autres : la censure d'une publicité sur la douleur post-partum pas plus tard que l'année dernière par la prestigieuse Académie des oscars ! On a souvent idéalisé la maternité, ne voyant que son côté sacré, voire édulcoré. Il suffit de regarder le compte de certaines « influenceuses » manucurées, coiffées et au corps parfait juste après l'accouchement : la vulnérabilité n'existe pas et encore moins ce fichu corps qui ne corrobore pas cette image. En tout cas pour la société qui semble assez hermétique à la douleur des femmes, qui préfère valoriser une maternité qui donne envie de procréer, souvent considérée comme un accomplissement.

Mais il y a une lueur d'espoir : je suis heureuse de voir que des personnes engagées comme Illana Weizman font bouger les lignes ! Cette doctorante en sociologie vient de lancer le mouvement #monpostpartum, qui changera peut-être le regard de la société mais aussi les politiques de santé publique (quand on sait par exemple qu'en Allemagne et aux Pays-Bas une sage-femme intervient HUIT heures quotidiennement pendant les huit jours qui suivent la naissance…). J'ai par ailleurs appris que le suicide est la deuxième cause de mortalité chez les jeunes mères (Inserm) : on se dit qu'en termes de ressources psychiatriques et de réseaux de soutien, il devient urgent d'agir !

Cette matressence provoque souvent une nouvelle phase et une nouvelle version de soi-même. Cela va de pair également avec la question du choix, selon l'« équilibre » que l'on souhaite avoir. Difficile de mener la carrière dont on rêve tout en élevant ses enfants (et je ne parle même pas des mères célibataires !). Eh oui ! Il faut le dire : nombreuses sont les femmes qui ont dû sacrifier une partie de leur carrière lorsqu'elles deviennent mères. Elles n'ont pas d'autre choix que d'aménager leur temps de travail en fonction de leur nouveau rythme de vie. Ce sacrifice est aussi un deuil, ne nous berçons pas d'illusions. Rares sont les hommes qui, eux, changent de plans de carrière… De mon côté, j'ai la chance d'exercer un métier formidable qui me plaît beaucoup, mais, bien évidemment, j'ai renoncé à un certain nombre de reportages, d'émissions et même, plus modestement, de conférences, car c'est un choix : comme je te le disais plus tôt, je ne veux pas être (trop) éloignée de ma fille. On en revient toujours à cette question d'alignement, de ce qui est juste pour nous, ce qui suppose de se positionner, de renoncer à certaines choses et donc d'en faire le deuil. Pas toujours facile ! Mais pour (au moins) en sourire, je conseille à toutes la série *Workin'Moms* diffusée sur Netflix, un régal pour dédramatiser un peu !

Personne ne réagit de la même façon face à un deuil. Il n'y a pas une attitude adéquate, recommandée, convenue… Votre abord sera le bon car ce sera le vôtre, parce qu'il sera sincère.

La confrontation au sentiment de perte, sérieux ou futile (entre la perte d'un carnet d'adresses ou le décès d'un proche), permanent ou temporaire (la mort ou l'absence pour les vacances de vos enfants), se décline selon Élisabeth Kubler-Ross en cinq phases psychologiques : le refus, la colère, le marchandage, la dépression, l'acceptation.

Il peut aussi susciter un sentiment de vide, d'impuissance, d'inutilité, de profonde tristesse, de peur, de manque de repères… On peut aussi en perdre le sommeil ou avoir envie de dormir tout le temps.

Ces phases n'apparaissent pas forcément dans le même ordre, nous ne sommes pas obligés de passer par toutes, et certaines phases peuvent être vécues plusieurs fois.

La seule certitude que nous ayons sur le deuil est que le temps guérit de tout. Si vous n'en êtes pas convaincue, essayez dans un premier temps de croire ceux ou celles qui vous le disent. C'est une conviction que nous partageons toutes les deux.

Afin d'avancer au mieux sur ce chemin, nous vous proposons une méditation sur l'autocompassion qui, nous l'espérons, vous apportera le réconfort dont vous avez besoin. L'autocompassion, nous vous rassurons, ne consiste pas à nous apitoyer sur notre sort, mais au contraire à nous rendre plus fortes en augmentant notre estime de soi et les chances de résilience.

Prenez le temps de vous installer confortablement, assise ou couchée, et de sentir la respiration dans votre ventre ou votre poitrine sans jugement ni *a priori*, comme si c'était la première fois.

Vous allez maintenant inspirer puis expirer profondément, comme un grand soupir de soulagement.

Recommencez deux fois, afin de chasser le « trop ».

Ressentez toutes les parties de votre corps en contact avec ce qui se trouve en dessous de vous, ce qui soutient votre corps, là, juste ici et maintenant... : votre fauteuil, le canapé, le matelas ou la terre sous vos pieds.

Puis des pensées vont peut-être surgir : observez ces pensées et revenez à votre respiration et à vos sensations dans le corps...

Notez maintenant la présence de chaleur, de soutien et de compassion envers vous-même. Vous pouvez aussi vous accorder délibérément de la chaleur et vous souhaiter du bien...

Ouvrez-vous pleinement à cette compassion pour vous, laissez-la vous emplir, aidez-la à rester et à grandir…

Notez toutes les formes de résistance et accueillez-les sans jugement…

Et revenez sans cesse à l'autocompassion sans vous laisser emporter par la douleur ou par le chagrin…

Vous pouvez, si vous le souhaitez, incarner pleinement cette expérience en posant une main sur votre cœur, votre ventre, votre joue ou en vous enlaçant de vos bras, comme le feriez pour votre meilleur·e ami·e…

Sentez l'autocompassion, ce mélange d'amour et d'accueil sans jugement pour ce que vous ressentez dans l'instant…

Laissez venir à votre esprit une image qui évoque pour vous l'autocompassion. Est-ce une personne, un animal, une fleur ?… Prenez ce qui vient… Et dites-vous à présent que cette image mentale représente l'autocompassion et qu'il vous suffira de la retrouver dans votre esprit en fermant tout simplement les yeux pour la retrouver et ressentir cette chaleur de la compassion pour vous-même.

Quand vous en aurez assez, vous pourrez doucement bouger les doigts, les orteils, puis, après avoir étiré tout votre corps comme après une bonne nuit de sommeil, vous pourrez ouvrir les yeux.

Si le cœur vous en dit, notez sur un carnet vos ressentis, vos émotions, vos images… ou dessinez, c'est très bien aussi.

Et si vous manquez de temps, voici la version « express » de cette méditation pour laisser de côté toute forme de culpabilité et revenir à soi.

Posez vos deux mains sur votre cœur ou une main sur le cœur, l'autre sur le ventre ; vous recourez ainsi au pouvoir apaisant du toucher. Puis demandez-vous calmement et avec amour : « De quoi as-tu besoin à cet instant ? » ou encore « Quel est ton besoin ? » Accueillez ensuite ce qui est là, juste là, au creux de votre ventre ou de votre cœur, cette ou ces émotions qui se présentent à vous.

Ne cherchez pas la paix, ne cherchez rien d'autre que ce qui est présent, là, en vous, même si ce n'est pas confortable dans l'instant. Pardonnez-vous et acceptez de ne pas être en paix. C'est cette acceptation qui vous apportera progressivement la paix intérieure.

Christiane Singer (1943-2007)

Lorsqu'elle a appris qu'il lui restait six mois à vivre, l'écrivaine Christiane Singer a commencé à rédiger ses *Derniers Fragments d'un long voyage*, témoignage bouleversant à l'approche de la mort. Elle confirme que le propre de l'humain est qu'il est habité d'une force spirituelle qui lui permet de surmonter les pires épreuves. Christiane Singer nous le jure : « Quand il n'y a plus rien, il n'y a plus que l'amour. » Elle avait décidé, dès qu'elle avait appris la gravité de sa maladie, de la vivre pleinement. Les moments difficiles alternaient donc avec des instants de grand bonheur, de gaieté, d'émerveillement. Pour elle, terminer ce livre a été un grand moment de joie : elle avait tenu le contrat qu'elle avait passé avec elle-même, celui de témoigner, chose qu'elle a fait toute sa vie à travers ses livres et ses conférences.

- 3 -
La méditation dans nos vies

« J'aurais dû être persuadée d'avance que là où la réflexion et la méditation n'existent pas, la rêverie est toujours féconde et agréable. »

George SAND

De : Julie
À : Aurélie

J'entends souvent dire : « La sophrologie, la méditation (avec d'ailleurs une grande confusion entre les deux), ce n'est pas pour moi » ou encore : « Rester assise sans bouger, juste respirer, je ne peux pas, j'ai besoin de bouger, de me défouler, car je suis une hyperactive »… Ces réflexions me font sourire car j'ai moi-même été la première à les formuler quelques années auparavant.

J'ai très longtemps pensé que la méditation était faite pour les personnes calmes, qui n'aimaient pas le sport et qui pouvaient rester assises à ne rien faire pendant des heures… Ça ne me correspondait pas, tout simplement. C'était l'*a priori* d'une sportive débordante d'énergie qui imaginait que l'on ne peut se libérer des carcans de l'esprit qu'en transpirant et en ayant mal dans son corps, dans ses muscles.

En soi, ce n'est pas totalement faux, évidemment ! Faire du sport, transpirer, bouger, marcher, nager, reste un exutoire essentiel à mon équilibre psychique et physique. J'ai néanmoins remarqué avec le temps et la pratique de la méditation qu'avoir une pratique sportive intense permet de se défouler et libère le mental dans l'instant, rassure et fait taire le petit vélo dans la tête le temps de la séance et pour quelques instants encore. Après quelques heures tout au plus, tout se remet en place, le « petit vélo » revient très vite faire son « ramdam » sans avoir vraiment permis au corps et à l'esprit de se reposer !

J'ai découvert la sophrologie et la relaxation lors de mes formations d'éducatrice sportive (j'en ai suivi plusieurs puisque je suis titulaire de trois brevets d'État) et, à chaque fois, d'une façon ou d'une autre, l'un de nos professeurs nous faisait expérimenter la respiration, la visualisation et la détente corporelle. Tous nous faisaient pratiquer allongés et, à chaque fois, je plongeais dans une micro-sieste, je m'endormais et j'avais à peine le temps d'intégrer ce qui était dit par le professeur !

Quelques années plus tard, j'ai été amenée à donner un cours très populaire dans les salles de sport : le Body Balance. C'est une pratique préchorégraphiée originaire de Nouvelle-Zélande et créée par la société LesMills, mélange de yoga, de Pilates et se terminant par une relaxation. J'adorais donner ce cours, que je trouvais très bien construit avec des musiques toujours bien choisies ; ce qui m'enchantait surtout, c'était de voir les pratiquants sortir de la salle apaisés, comme libérés d'un poids et heureux.

Je ne sais pas vraiment ce qui créait ce bien-être, probablement le cours dans sa totalité, mais j'ai découvert que j'aimais animer cette séance de méditation à la fin du cours, il y avait comme une forme de magie, une récompense salvatrice qui sublimait l'ensemble de la séance.

Ma formation en sophrologie caycédienne m'a ensuite plongée dans le vrai sujet du souffle, puis dans l'importance de la respiration ventrale et enfin dans la présence du corps, une présence totale, dans sa perception, sa présence dans l'ici et maintenant, dans le mouvement ou dans la stabilité de la position debout (en sophrologie, le scan corporel se pratique debout) si inconfortable au début...

Cela m'a donné une nouvelle conscience de mon corps tel qu'il se présentait à moi à ce moment-là et dans toutes ses dimensions. Sans avoir besoin de parler, j'apprenais à me découvrir, doucement mais durablement.

J'avais choisi à l'époque de faire cette formation en sophrologie car j'avais besoin d'abord et avant tout de nourrir mon esprit en apprenant de nouvelles choses, mais aussi parce que c'était une formation diplômante en développement personnel et qu'elle était facile à intégrer dans ma vie professionnelle et familiale. Je ne pensais pas qu'elle opérerait en moi une telle révolution !

Et toi, Aurélie, comment s'est passée ta découverte de la méditation ?

De : Aurélie
À : Julie

La méditation a été une véritable révolution dans ma vie !

Je n'ai pas été élevée dans une culture où ce genre de pratique existe ; ma famille, très chrétienne, s'orientait plus vers la messe et la prière. Pendant longtemps, la méditation a été un concept abstrait pour moi, alors que, pendant plusieurs années, j'ai reçu, dans mon émission *Sagesses bouddhistes*, des invités comme des grands maîtres des différentes traditions bouddhiste, tibétaine, zen ou *vipassana* (et non des moindres, tel le dalaï-lama) qui me parlaient de méditation, mais cela ne demeurait pour moi que « dans le mental ».

Je savais qu'il fallait que je m'y mette, que j'expérimente, mais je trouvais compliqué de commencer seule (à l'époque, « Petit Bambou » ou « Headspace » n'existaient pas encore !).

Un jour, alors que j'allais rendre visite à mon ami Frédéric Lenoir près de Gordes, celui-ci m'a proposé de méditer avec lui, mais de manière très peu formelle : il m'a composé un mélange de yoga tibétain, d'assise zen, avant de terminer par une prière devant une icône de la Vierge Marie ! Et cela a marché ! Depuis, j'essaie de méditer quotidiennement, de manière active ou pas, cela m'est absolument indispensable. Tout comme nous prenons une douche pour laver notre corps chaque matin, je considère ce moment pour moi comme une douche de mon mental avant d'attaquer la journée. Et cela m'a beaucoup aidée pendant le confinement du printemps 2020. Il m'arrive aujourd'hui de méditer à différents moments de la journée, même peu de temps. Cinq minutes par jour suffisent, c'est comme prendre rendez-vous avec soi-même. Cela peut même s'apparenter à une forme de discipline, mais dans le bon « sens » du terme (je trouve que l'on colle trop à ce mot une image dure et négative alors qu'il s'agit avant tout de se réserver un moment… pour son bien !).

Les Grecs avaient d'ailleurs déjà pressenti que le bonheur ne résidait pas dans la satisfaction matérielle, mais bien plutôt dans le fait de se sentir à sa place dans le cosmos, en harmonie avec l'ordre du monde. Aujourd'hui, ce retour à la pratique d'« exercices spirituels » ne tient sûrement pas au hasard. Connaissance de soi, thérapie, stress, sagesse : le monde de l'entreprise s'intéresse de plus en plus à la méditation, tout comme les milieux hospitaliers, scolaires et universitaires. Et pour cause : les bienfaits de la méditation sur la santé et l'équilibre psychique sont désormais validés par les études scientifiques. Stimulation de nombreuses aires cérébrales, renforcement du système immunitaire, insomnie, douleur et dépression : autant de souffrances que la méditation permet de vivre plus sereinement. Si certains décrivent cette pratique comme une mode, je pense qu'il s'agit d'un mouvement social de fond, une vraie révolution silencieuse. Dans un environnement de plus en plus trépidant et stressant, méditer, ne serait-ce que quelques minutes, permet de retrouver en soi un calme et un espace salvateurs.

C'est pour cette raison, je pense, que cela marche : trouver en soi une zone qui n'est pas touchée par les vagues nous donne un regard neuf, rafraîchi, apaisé. Expérimenter cet état suscite une immense découverte existentielle. Mais ne croyons pas que ces états de confort sont acquis à jamais : ce travail intérieur auquel nous conduit la méditation est tout le temps à refaire. Je crois aussi profondément que cette expérience d'intériorité peut influer sur notre relation aux autres. S'occuper de notre bien-être notamment mental et psychologique permet de nous montrer en effet meilleurs pour autrui.

Et toi, Julie, de quelle manière la méditation t'aide-t-elle au quotidien ?

De : Julie
À : Aurélie

Je vais te faire une confidence, je pense que la méditation peut sauver des vies, comme je pense qu'elle m'a sauvée. Comme, d'une autre manière, le sport et la sensualité, car leur point commun est la présence au corps et l'instant présent !

Comme l'a très justement dit Bouddha (vers 563-483 avant J.-C.) : « Il existe une chose qui, lorsqu'elle est cultivée et régulièrement pratiquée, mène à la profonde spiritualité, à la paix, à l'attention et à la lucidité, à la vision et à la connaissance, à une vie heureuse ici-bas, et à l'apogée de la sagesse et de l'éveil. Et quelle est cette chose ? C'est l'attention centrée sur le corps. »

Tout est dit.

Beaucoup de personnes me demandent s'il existe une bonne façon de méditer. En fait, la réponse est simple, il n'y a pas de bonne ou de mauvaise façon de méditer, il existe mille et une façons de méditer, tout dépend du but que nous nous sommes fixé. Si nous avons le sentiment que la méditation ne nous aide absolument pas, alors il faut probablement changer quelque chose. C'est avant tout être totalement présent dans l'instant présent.

Quand nous vivons avec des regrets liés à des choix ou des choses qui se sont produits dans le passé, la culpabilité liée à ces pensées n'apporte rien, c'est même terriblement anxiogène, tout comme vivre dans la peur du futur n'apporte rien de bon ni de positif.

Vivre dans l'instant présent est la seule et saine vérité, et c'est ce que j'ai appris et compris ces dernières années grâce à la pratique de la sophrologie et de la méditation...

La méditation au quotidien m'apporte l'ancrage, la sérénité, un certain lâcher-prise, une présence à moi-même, l'acceptation de l'impermanence, le superpouvoir de la visualisation. Tant de petits trésors qui allègent le poids du quotidien et son lot de défis.

Certaines de mes clientes me questionnent à propos de ma pratique de la méditation, elles s'imaginent bien souvent que je médite tous les jours pendant une heure, assise sur un zafu, avec de la musique douce et de l'encens qui brûle tranquillement pendant ce temps-là... Cette image me fait sourire, car ce n'est pas vraiment comme cela que je pratique au quotidien.

La méditation est dans chaque instant, elle est dans chacun de mes gestes, dans chacune de mes respirations. Quand je suis assise, je médite car je suis dans la conscience de mon corps dans l'instant, en observant les parties de mon corps détendues ou contractées, celles en contact avec le support en dessous de moi et le sol sous mes pieds. Je médite quand je mange, en appréciant visuellement ce que j'ai dans mon assiette, puis la texture et le goût en bouche. Je médite quand je danse, quand je chante dans mon salon. Je vis pleinement, avec mes cinq sens, chaque instant passé avec mes enfants, afin d'imprimer dans mon esprit chacun de ces merveilleux moments passés avec eux, pour qu'ils y laissent une empreinte que je ne veux pas oublier, ils grandissent tellement vite...

Je médite quand je m'entraîne, quand je fais du sport, je me concentre sur mes sensations corporelles, sur mon souffle, sur mes mouvements, je suis pleinement dans ce que je fais. Je médite quand je suis dans la nature, quand je marche sur la plage et que j'apprécie le merveilleux spectacle que m'offre la mer, le bruit du vent et l'odeur des embruns. Je médite quand je suis dans un musée, en rentrant pleinement dans la contemplation des œuvres. Je médite dans le métro en étant pleinement concentrée sur le livre que j'ai choisi pour m'accompagner, le temps passe d'ailleurs beaucoup plus vite et cela devient un moment presque agréable car je suis dans ma bulle, avec moi-même.

Chaque instant, chaque respiration, chaque souffle est une méditation.

Chacune de mes émotions m'amène à une méditation, car je l'observe, je l'accueille sans jugement avec bienveillance. Je regarde ce qui se passe, ce qui se joue, ce que veut me dire cette émotion, quelle partie de moi veut s'exprimer. C'est comme lorsque je ressens une douleur ou une sensation désagréable dans le corps, je prends le temps de l'écoute, je ne saute pas immédiatement sur le téléphone pour appeler mon médecin. Bien souvent, c'est une émotion qui n'a pas pu s'exprimer ou juste un besoin de bouger, alors je mets en pratique ce que j'appelle « les 3R » : je Ralentis, je Ressens, je Respire, et ensuite j'écoute mon besoin. La plupart du temps cela marche très bien et suffit à m'apaiser et à faire passer l'inconfort dans le corps ! Si notre corps se manifeste, c'est qu'il a quelque chose à dire d'important et nous devons prendre le temps de l'écouter avec compassion, sans critique, écouter avec bienveillance ce qu'il a à nous dire.

Pour répondre à ta question, Aurélie, la méditation m'apporte de la sérénité et une grande paix intérieure que je souhaite à tout le monde. Cela vient sans doute du fait que j'ai réussi, grâce à la pratique, à dompter mon ego, ce petit vélo mental, cette petite voix dans la tête qui a tendance à beaucoup parler et à beaucoup saboter. Dit comme cela, ça a l'air simple et efficace, mais je t'assure que tout est en nous. Et enfin, la méditation m'a permis de me connecter à mon moi profond, je sais qui je suis, ce que j'aime, ce que je vaux, et cela n'a pas de prix.

Maintenant, j'ai une question à te poser, Aurélie : sais-tu pourquoi il y a aussi peu de textes ou de citations écrits par des femmes sur la méditation ? La méditation serait-elle une affaire d'hommes ?

De : Aurélie
À : Julie

Ta question m'a fait sourire, car je ne suis pas certaine que l'on ait « besoin » de beaucoup de livres de méditation (même si moi-même j'en ai écrit un sur le sujet !). C'est une pratique qui passe par l'expérience avant tout, comme tu l'as justement souligné, à travers notre corps, notre souffle, et notre attention à l'instant présent. Je crois qu'il est pour le coup intéressant de laisser un peu le mental et les concepts de côté (ce qui est d'ailleurs tout l'objet de la méditation !).

Néanmoins, des femmes ont magnifiquement écrit sur le sujet, comme Pema Chödron, Tenzin Palmo, Sharon Salzberg, ou encore la magnifique Tsultrim Allione, par exemple. Certes, il faut aller chercher plutôt du côté de la littérature anglo-saxonne, mais les femmes sont bel et bien là, avec une approche peut-être différente de cette pratique. Elle me semble en effet plus sensible et liée *de facto* à notre aspect *yin*, à notre aspect matriciel, sans compter les nombreuses déesses comme Tara qui peuvent nous servir de support d'inspiration. L'essence de notre féminité peut véritablement nous guider d'une autre manière.

Lama Tsultrim fut l'une des premières femmes américaines à être ordonnée nonne tibétaine en 1970 par le 16e Karmapa. À l'âge de vingt-six ans, après quatre années passées en tant que nonne, elle a rendu ses robes, s'est mariée et a fondé une famille de trois enfants. Lorsque j'ai eu la chance de la rencontrer, elle m'a expliqué que ses méditations se fondaient sur le principe de la *dakini* que je trouve passionnant : il s'agit d'une divinité qui est l'énergie féminine en elle-même, à la fois « le guide et l'épouse qui active en nous une compréhension intuitive et une grande conscience ». La *dakini* représente le féminin sacré : notre nature féminine profonde, ici une déesse sous ses cinq formes dans le bouddhisme tibétain. Tsultrim Allione a d'ailleurs créé une méditation spécifique pour allier travail sur les émotions et chemin de transformation spirituelle. Cette immersion dans les cinq familles de *dakini* permet notamment la transformation des cinq émotions en cinq sagesses. Bien sûr, je te parle ici du bouddhisme tibétain qui est cher à mon cœur, puisque c'est celui que je pratique, mais il y en a tellement d'autres ! Ces déesses sont vénérées depuis la nuit des temps. Il s'agit de les accueillir en nous pour recevoir leurs qualités d'amour, de réconfort, de compassion et de confiance. Nous pouvons nous reconnecter à elles à travers des rituels, en célébrant la nature et les différentes fêtes saisonnières. Car ce temple du féminin sacré est partout.

Pour revenir à ta question sur la méditation et les femmes, je crois qu'elle rejoint plus globalement celle des modèles patriarcaux, qui nous montrent que les religions (dans lesquelles la méditation peut s'inscrire) n'ont pas toujours été tendres avec les femmes. Consciemment ou inconsciemment, les schémas collectifs propres aux institutions dites « spirituelles » ont souvent relégué les femmes au bas de l'échelle et les ont peu mises dans la lumière.

De manière plus concrète, dans la vie quotidienne, nous savons que les pensées ont un impact direct sur les émotions. Nos ressentis s'en trouvent affectés et ils influencent bien souvent notre vibration. N'oublions pas que celle-ci attire certaines expériences et certaines personnes plus que d'autres... En travaillant sur nos émotions grâce à la méditation, nous pouvons agir sur nos schémas répétitifs pour manifester dans notre vie joie et harmonie. Méditer permet ainsi de clarifier nos intentions, de savoir ce que nous voulons (ou pas) afin de ne plus attirer les mêmes personnes. Il faut savoir qu'un schéma de répétition s'arrête dès l'instant où nous cessons de nourrir des relations ou des situations où nous ne nous respectons pas. En mettant plus de conscience sur ce que nous souhaitons vraiment, nous renforcerons en plus notre estime de soi. C'est un cercle vertueux ! Je crois fermement que nous créons nos pensées et donc notre vie. C'est pour cette raison qu'il est important de se « nourrir » de beau, de s'entourer de belles énergies, notamment à travers l'entourage que nous choisissons. Pour cela, il faut nous accepter avec bienveillance, et la méditation est un outil précieux sur cette voie, dans cette vie confrontée à mille informations et sollicitations, pour préserver notre bien-être physique et mental de façon durable.

Prenez du temps pour méditer, seule ou à plusieurs, comme nous l'avons expérimenté toutes les deux, pour non seulement nous recentrer, mais aussi pour nous connecter à nous-même et aux autres.

Dans ce contexte de crise économico-écologico-sociétale, la méditation est un outil extraordinaire pour garder la tête hors de l'eau ! Elle est gratuite, sans matériel, et peut se pratiquer à tout moment. Et, surtout, elle propose un retour radical à soi et à ce qui se donne à voir et à ressentir ici et maintenant.

La méditation, que nous pratiquons depuis de longues années, nous a appris à lâcher prise afin de nous ressourcer durablement et de vivre en conscience chaque instant de notre vie.

Il existe mille et une façons de méditer ; vous allez découvrir ici, quelques exercices accessibles et faciles à mettre en œuvre, à n'importe quel moment de la journée, une sorte de « couteau suisse », de solution express pour vous permettre surtout de RESPIRER !

1 Tout d'abord, le plus souvent possible dans la journée mais surtout lors d'une montée de stress, pensez aux « 3R ». Vous pouvez très bien pour cela fermer les yeux ou les garder ouverts :

- **Ralentissez** : prenez le temps de ralentir ce que vous êtes en train de faire, comme si vous arriviez à un feu rouge, ou imaginez que vous baissez le son de votre voix mentale, prenez le temps de vous poser, peut-être vous asseoir quelques instants.
- **Respirez** : prenez le temps de poser l'intention de respirer et d'en prendre conscience, de poser doucement votre respiration dans votre ventre, et sentez-le se soulever à l'inspire et redescendre à l'expire. Observez les espaces de tensions dans votre corps et respirez à l'intérieur.

- **Ressentez** : observez, écoutez les messages de votre corps, de vos émotions. Accueillez tout ce qui se présente dans l'instant, ce qui se passe en vous, avec bienveillance et sans jugement. C'est une façon de vous reconnecter à votre essence profonde.

2 Quand vous avez quelques moments libres, le soir par exemple avant d'aller dormir ou le matin au réveil, prenez un instant de conscience et de gratitude :

- Commencez par quelques respirations profondes en expirant profondément comme un soupir de soulagement.
- Ensuite, portez toute votre attention, mais assez brièvement, sur certaines zones précises, qui vont bien, de votre corps, comme la tête, les paupières, la main droite, le pied gauche...
- Aussi intensément que vous le pouvez, ressentez l'énergie vitale dans chacune de ces parties.
- Puis balayez votre corps quelques instants, comme un scan corporel de haut en bas, puis de bas en haut ; sentez le poids de votre corps, sa densité, son énergie.
- Enfin, remerciez toutes les parties de votre corps et/ou votre corps tout entier qui va bien, ainsi que tous les aspects positifs de votre vie.

3 Vous pouvez respirer en conscience plusieurs fois dans la journée en y associant une forme géométrique, ce qui aide la concentration par la focalisation sur quelque chose de précis et entraîne à la visualisation :

- **le carré** : imaginez un carré déjà dessiné dans votre esprit ou créez-le mentalement lors de l'exercice, mais vous pouvez aussi, si vous le souhaitez, le dessiner sur un morceau de papier afin de mieux le visualiser et donc vous l'approprier si vous êtes débutante en visualisation. À l'inspire, imaginez le trait vertical qui monte, en comptant jusqu'à 4, suspendez votre souffle poumons pleins sur quatre temps en dessinant le trait horizontal en haut, expirez tranquillement sur 4 en dessinant le trait qui descend, et suspendez votre souffle sur 4, poumons vides en dessinant le trait horizontal qui referme le carré ;

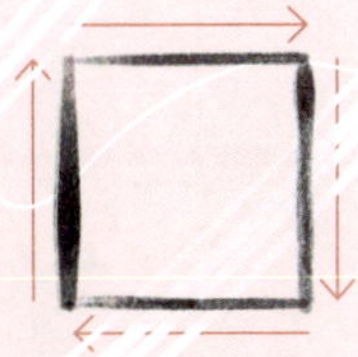

- vous pouvez procéder de la même manière avec un **rectangle** (l'inspire et l'expire seront beaucoup plus longs que les moments en suspens), un **cercle** que vous divisez en quatre, un **triangle** pointe en bas ou pointe en haut ou encore avec le **signe de l'infini**...

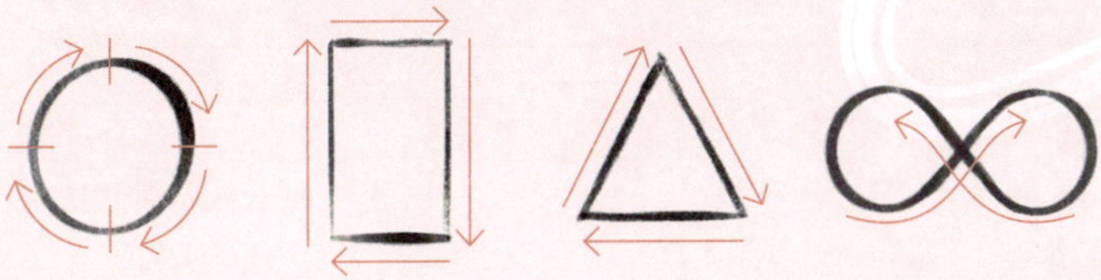

Sharon Salzberg (née en 1952)

Si cette pionnière de la pratique de la méditation en Occident nous aide à faire de la pratique un espace de guérison et d'apaisement, c'est en raison de son propre chemin. Elle a connu la souffrance. Elle sait ce qui l'apaise. Son remarquable travail autour de la bienveillance l'amène à proposer des méditations guidées pour aider tout un chacun dans sa vie quotidienne et, plus largement, à montrer en quoi ces pratiques sont une réponse efficace à la violence, la guerre et le terrorisme. Elle offre une approche laïque et moderne des enseignements bouddhistes, les rendant instantanément accessibles. Son livre *Comment s'ouvrir à l'amour véritable* est le fruit de quarante années d'exploration de la bienveillance, et nous le conseillons vivement à toutes !

- 4 -

Notre corps, nos corps de femmes

« Un jour, je me suis posée et j'ai décidé de m'aimer, qu'importe ce à quoi ressemblait mon corps et ce que les autres en pensaient. J'étais fatiguée de haïr mon corps. »

Gabourey SIDIBE

« Chaque matin, les hommes et les femmes qui prennent soin de la parcelle de réel qui leur est confiée sont en train de sauver le monde, sans le savoir. »

Christiane SINGER

De : Julie
À : Aurélie

Dès les premiers jours du confinement en mars 2020, j'ai vite perçu – comme quelques autres – que je pouvais apporter mon aide au plus grand nombre. J'ai alors souhaité, grâce aux réseaux sociaux et en tant que spécialiste de la respiration et du bien-être, donner un peu de moi-même pour mieux traverser ces moments compliqués. J'avais alors (et j'ai toujours) la conviction que quelques minutes de respiration et de mouvements par jour ouvrent de nouvelles portes sur le chemin de la connaissance de soi et de la sérénité.

Bouger son corps en marchant, en courant ou en faisant une séance de yoga, de Pilates ou simplement quelques pompes et squats, nous permet, comme avec la méditation, de retrouver le souffle. Et ce souffle, c'est comme regagner un véritable espace dans nos propres corps et dans nos vies. Une forme de liberté.

Être pleinement en conscience avec son corps, respirer, le sentir dans sa globalité et dans la moindre de ses cellules, nous permet d'apprécier nos limites, d'assumer notre puissance et surtout de nous accepter et de nous aimer dans toutes nos dimensions. C'est ce que j'ai appris grâce à la sophrologie, prendre conscience de mon corps dans sa tridimensionnalité, c'est-à-dire le percevoir dans le temps, dans l'espace et dans le ressenti. Plus que la représentation que je me fais de mon corps – cette image que peut me renvoyer le miroir –, la prise de conscience de mon schéma corporel va englober tout ce qui le concerne : les émotions, le rapport à l'extérieur et aux autres…

C'est finalement un lien entre ce qui se passe à l'intérieur et à l'extérieur du corps.

La sophrologie m'a dans un premier temps appris à regarder et à traiter mon corps avec respect en limitant les jugements nocifs, ce qui est une véritable libération !

Pour moi, aujourd'hui, dans ce monde incertain, investir son corps, apprendre à le connaître, le respecter, tant par ce qu'on lui apporte à l'intérieur (alimentation, boissons) qu'à l'extérieur (massage, sport…), en limitant ce qui lui est nocif (alcool, tabac, manque de sommeil…), pourrait rapidement être une contribution accessible à toutes pour une forme de sur-VIE.

C'est le moment de plonger en soi, de ressentir la vie de nos organes, de notre cœur qui bat, de nos muscles qui chauffent, cette crampe au mollet qui nous réveille en pleine nuit, ce mal de tête parfois aussi qui nous envoie un étrange message d'amour qui dit : « S'il te plaît, occupe-toi de moi, donc de TOI ! »

Notre corps est un temple sacré, il est de notre devoir de le connaître, de savoir le lire, l'écouter, de le comprendre, de l'accueillir pour nous donner l'envie, la joie d'en prendre soin.

Le souffle, la respiration sont évidemment les essentiels de ce corps que nous habitons, et ils sont l'énergie, le carburant qui nous permet de l'incarner véritablement.

Il est donc plus qu'urgent de prendre soin de lui en le nourrissant de produits sains, de jolies pensées, en regardant de belles choses, en le faisant bouger chaque jour. Il est de notre devoir de l'étirer, le délier, mais aussi de le masser, le plus souvent possible.

Je suis souvent surprise de constater, par exemple, que peu de femmes mettent de la crème ou de l'huile sur le corps après la douche. C'est un acte tellement important pour moi ; au départ, je n'ai fait que le reproduire, je le tenais de ma mère qui le tenait de ma grand-mère : je les voyais se crémer le visage et le corps avec des crèmes qui sentaient bon… Je trouve d'ailleurs que c'est l'un des premiers actes de connexion à soi, c'est comme une caresse plus ou moins massée sur tout le corps, une façon de lui dire : « Bonjour, comment vas-tu ? »

Et, pourtant, rien à voir avec la langueur. Ma mère et ma grand-mère ont travaillé comme des acharnées toute leur vie et elles n'avaient pas que cela à faire… Prendre soin de soi ne doit pas être une charge, c'est un investissement essentiel et positif, et le corps saura s'en souvenir…

Par ailleurs, c'est aussi tellement plus agréable d'avoir une peau douce, qui sent bon et qui ne tiraille pas, rien que pour soi et avant tout pour soi ! Je dis même parfois que c'est un premier geste de respect envers son corps ; je n'ai pas dit d'amour, mais de respect !

Et puis il y a les rituels que nous faisons par mimétisme et ceux que l'on peut s'inventer : il n'est jamais trop tard pour cela, j'en découvre de nouveaux chaque semaine ! Comme se brosser à sec le visage et le corps, le matin avant la douche.

Bien souvent, les femmes se plaignent de telle ou telle partie de leur corps, elles sont très dures avec elles-mêmes, mais au fond, que font-elles vraiment pour le changer, pour l'accepter, pour l'aimer ? Elles ne font que le critiquer. C'est dommage, non ?

Diraient-elles cela de leur meilleure amie ? Je ne pense pas. Elle dirait sans doute : « Oh ! elle a un peu grossi » et passerait à autre chose. Ça ne vous est jamais arrivé ?

Elles ne resteraient en tout cas pas focalisées pendant des heures sur le petit bourrelet du bas du ventre ou sur la cellulite en haut de la cuisse de l'amie en question… Elles diraient même à cette meilleure amie : « Mais, arrête, tu es belle comme tu es » ou « Arrête, ça ne se voit pas, tu exagères ! », et elles auraient raison !

On reste trop souvent focalisée sur le petit bouton que l'on a sur le menton alors que l'on vaut tellement plus que ce bouton ! Toujours pas convaincue ? Et pourtant, comme disait ma grand-mère : « Un bouton n'a jamais déparé une rose. » D'ailleurs, je conseille souvent à mes clientes, comme j'ai pu l'expérimenter moi-même, de se faire photographier par un photographe professionnel ; son objectif nous révèle une autre facette de nous-mêmes et nous découvrons bien souvent la jolie rose que nous ignorions être.

Maintenant, je sais, en étant à l'écoute de ces femmes qui ont un rapport difficile à leur corps, qu'il est compliqué pour elles de l'investir, d'en prendre soin, car cela leur semble soit narcissique, soit dérisoire. Dans leur esprit, c'est perdre du temps avec « ça », un « ça » dédaigneux qui désigne leur corps, tout comme elles trouvent difficile aussi de se toucher ou de se regarder nues dans un miroir. Bien sûr c'est difficile ! Et c'est parfois un long chemin à parcourir pour s'accepter et investir son corps, mais, je le répète, en prendre soin, ce n'est pas forcément l'aimer, c'est surtout le respecter. Respecter son corps, c'est d'abord le nourrir sainement, ne pas avaler n'importe quoi. On peut tout se permettre, mais sans excès. C'est un peu comme apprécier un bon verre de vin sans finir la bouteille ou croquer un carré de chocolat sans finir la tablette. Éviter de prendre sans cesse la voiture et privilégier les transports en commun ou se garer loin de la porte d'entrée du supermarché pour permettre à son corps de marcher le plus possible. C'est déjà, et avant tout, cela, se respecter et prendre soin de soi. Ensuite, un chemin thérapeutique est parfois utile pour réussir à se regarder nue dans la glace sans avoir envie de s'insulter. D'autres fois, le temps qui passe est étrangement salvateur, il est parfois plus facile d'apprécier son corps à quarante qu'à vingt ans. Le regard du compagnon ou de la compagne de vie est essentiel. Comment nous aimer si la personne que nous aimons ne nous regarde pas, ne nous touche pas, n'a pas une parole d'amour envers nous et notre corps ?

Alors, l'un des exercices que je propose le plus souvent est l'exercice de la douche énergétique proposé à la fin du chapitre… Et enfin, se focaliser le plus possible et mettre en valeur ce que nous aimons de notre corps et ce que nous trouvons joli et harmonieux dans notre visage.

De : Aurélie
À : Julie

Effectivement, le corps est essentiel, même si on l'a souvent méprisé, mis de côté, dans notre culture judéo-chrétienne. Les traditions orientales, notamment, ou les traditions antiques (il suffit de regarder du côté de la civilisation égyptienne, par exemple), ont toujours, *a contrario*, mis ce dernier en valeur.

C'est aussi une question de génération, les précédentes étaient peut-être moins focalisées sur le soin que nous aujourd'hui. Cela dit, ma grand-mère de quatre-vingt-quatorze ans est toujours très coquette, habillée de jolies couleurs et avec une peau de bébé !

Pour moi, le corps est sacré, au même titre que notre esprit, notre psyché, notre âme… Nous devons en prendre soin. C'est un outil, mais aussi un ami, un allié, que nous devons protéger. Malheureusement, c'est souvent lorsqu'il y a quelque chose qui fonctionne moins bien que nous nous rendons compte que nous avons un corps.

Lorsque je dis « en prendre soin », cela revêt à mon sens deux aspects : physique, par divers exercices notamment de respiration et par l'alimentation, mais pas seulement : par le soin également que nous lui apportons. Il ne s'agit pas forcément d'investir dans des produits esthétiques chers, mais de prendre le temps d'y être attentives. En ce qui me concerne, cela est devenu un véritable rituel, qui m'aide le matin à commencer la journée et le soir à préparer la nuit. J'insiste sur le fait que prendre soin de son corps, ce n'est pas être obsédée par son apparence, mais lui offrir ce dont il a besoin : repos, détente, plaisir. C'est une habitude saine et cela se voit !

Je pense qu'il faut le faire plus que jamais, en ces temps de crises individuelles et collectives où les déséquilibres s'accumulent. On peut le voir au niveau de nos comportements qui réveillent certaines névroses, de vieux schémas comme les peurs, les blessures qui génèrent chaos et souffrance, mais pas seulement. C'est indispensable de sortir de cet engrenage, de ces scénarios, par une transformation qui passe par le corps, et comme l'écrit si joliment mon ami Thierry Janssen dans son dernier livre *La Posture juste* : « Nous pouvons retrouver cette harmonie en envisageant les choses comme faisant partie d'un tout, d'un lien "corps esprit" indissociable ». Car cette posture doit être, à mon sens, psychologique, corporelle et spirituelle.

C'est intéressant d'ailleurs de noter que dans notre vie quotidienne, notre attitude corporelle influence notre état d'esprit. Alors qu'en général, nous pensons l'inverse : que notre état d'esprit influence notre attitude corporelle. Par exemple, le fait de sourire amène *de facto* une forme de légèreté et de bonne humeur — c'est intéressant de faire cet exercice ! L'étude réalisée en 2003 par Simone Schnall et David Laird (« *Keep Smiling: Enduring Effects of Facial Expressions and Postures on Emotional Experience and Memory* », Clark University) démontre que se forcer à sourire fait croire au cerveau que l'on est heureux et libère des « endorphines » : ces hormones du bien-être ! Une posture centrée, ancrée, ouverte, est donc déterminante pour notre conscience de nous-mêmes et notre rapport à l'autre ! C'est une exploration passionnante (et sûrement une des plus confrontantes !) qui permet de mieux appréhender notre personnalité (et surtout de mieux s'ajuster, car modifier notre état extérieur permet d'influencer notre état intérieur !). Se comporter comme quelqu'un qui se sent bien change notre vibration interne et nous permet de dégager de véritables ondes positives. Bref, cessons de considérer le corps comme une somme d'organes que nous devons réduire au silence, mais au contraire comme une porte d'entrée de notre esprit tant il a la capacité d'affecter nos pensées et nos ressentis ! J'aime cette citation de Nietzsche : « J'ai un mot à dire à ceux qui méprisent le corps. Je ne leur demande pas de changer d'avis ni de doctrine, mais de se défaire de leur propre corps, ce qui les rendra muets. »

Pour moi, prendre soin de son corps, c'est comme prendre soin de la nature, c'est une forme d'écologie. Autre point commun : ni l'un ni l'autre ne nous appartiennent. Nous sommes des « locataires » de passage sur cette planète ! Dans cette perspective, je crois qu'il est important d'encourager nos filles à prendre soin de leur apparence physique, mais pas de n'importe quelle manière : il s'agit de faire du sport non seulement pour le bien de leur santé, mais aussi pour gérer d'éventuels complexes (malheureusement, des études montrent que beaucoup de jeunes filles arrêtent l'activité avec la puberté). Toujours dans le registre de l'image : concernant la mode et le maquillage : rien d'obligatoire. Si elles aiment cela, qu'elles choisissent leurs tenues soigneusement et se fassent plaisir. Ne confondons en aucun cas éducation « féministe » et refus de la féminité. Surtout pas ! Tout comme nous devons apprendre à nos filles de ne jamais faire le lien entre l'apparence physique et la morale. Un rouge à lèvres de couleur vive ou une jupe courte ne doivent jamais faire l'objet de jugements.

De : Julie
À : Aurélie

Je t'ai souvent parlé de ce que m'a apporté la sophrologie dans l'espace de conscience lié au corps ; je suis plus que jamais convaincue de l'aspect positif que cela procure et qui s'impose également du point de vue de l'autonomie et de la liberté.

Je m'explique.

En tant que femmes, nous sommes souvent jugées sur notre taille, notre tour de poitrine, la taille de notre pantalon, la longueur de notre jupe, notre maquillage, la couleur de nos cheveux, notre coiffure, notre âge… D'une certaine façon, cela consiste à dessaisir les femmes de ce qui leur appartient de plus intime. Le corps devient alors un attribut de décoration parmi d'autres, au-delà même du plaisir qu'elles en auraient pour elles-mêmes.

Peu d'hommes sont soumis à la fois à une telle pression sociale et au regard des autres.

Comme elles, pendant des années, j'ai vécu avec ces appréhensions, ces doutes, cette nécessité de caler mon apparence pour entrer dans certains critères souhaités par d'autres. Puis j'ai appris à connaître mon corps dans toutes ses dimensions, j'ai appris à me détacher pacifiquement du regard de l'autre et de ce que la société veut me renvoyer.

J'ai donc dit « stop », stop à ces injonctions, stop aux comparaisons !

Et pourtant, rien de simple dans tout cela. Les femmes font la guerre à leurs corps et à celui des autres depuis trop longtemps, combattant la nature pour se conformer à des idéaux artificiels. Il est tellement difficile d'être en paix avec son corps quand les magazines de mode idolâtrent des adolescentes maigrichonnes et portant des soutiens-gorge rembourrés, car il serait de bon ton d'être ultra-mince mais avec une poitrine opulente…

Un peu fou, non ? Qui rentre naturellement dans un pantalon taille 34 avec une poitrine qui, elle, fait un 95E ? Et pourquoi ne mettre systématiquement en valeur qu'une beauté juvénile avec peau lisse et cuisses fermes ?

La « révolution » sur la représentation du corps féminin n'a commencé que ces dernières années, grâce à des actions sur les réseaux sociaux comme #bodypositive ! Ces filles qui sortent des normes physiques que la société nous impose et qui disent « stop » en assumant et en se montrant. Certaines marques ont d'ailleurs rebondi sur ce phénomène en mettant en avant des corps qui nous ressemblent davantage, plus en adéquation avec ce que nous renvoie le miroir : des corps avec de la chair, de la cellulite (oui, et ce n'est pas un gros mot) ! Et ces femmes sont tout aussi magnifiques, non ? Tout simplement parce qu'elles sont chacune d'entre nous !

Les magazines font également de plus en plus appel à des mannequins seniors, et notamment, pour notre plus grand plaisir, ils font la part belle aux mannequins des années 1990 comme Claudia Schiffer, Kate Moss, Cindy Crawford, Estelle Lefébure... Elles ont cinquante ans et plus et restent au top !

Des femmes, comme Sophie Fontanel qui arbore fièrement ses cheveux blancs, libèrent ce regard porté sur le temps qui passe, car parler du corps, c'est aussi parler des cheveux. C'est en lisant *Une apparition* et ce passage : « Il y a un découragement à se teindre. Enfin, je veux dire, à cacher continuellement ce qu'on est. À la fin, on n'en peut plus », que j'ai décidé d'arrêter de me teindre les cheveux et de cacher ma mèche blanche. Après tout, je le faisais pour qui ? Pour quoi ?

J'ai eu mon premier cheveu blanc à vingt ans, oui, c'est tôt. C'est génétique, émotionnel, que veux-tu, c'est ainsi. Il était hors de question à cet âge-là que j'accepte ce que Dame Nature m'imposait ! J'ai fait des couleurs pendant vingt ans. Après la lecture du livre de Sophie Fontanel, j'ai compris que je faisais ma teinture (seule et à la maison) toutes les trois semaines pour ne laisser apparaître aucune racine, car je trouvais cela négligé. Une véritable aliénation, une pression, une corvée que je m'imposais. Finalement, depuis un an, j'arbore fièrement mes cheveux d'origine et cette mèche blanche naturelle marque ma singularité, je suis finalement fière de l'avoir, comme un porte-bonheur ! J'ai décidé d'accepter cette « imperfection ». J'ai même hâte que ma tête soit toute blanche !

Vieillir ne doit plus être une fatalité et la femme de plus de cinquante ans n'a plus de raison de se cacher ! Sous prétexte qu'elle ne peut plus avoir d'enfant, le corps de la femme cesserait-il du jour au lendemain d'être séduisant et désirable ? La femme deviendrait-elle, comme me l'a dit une fois une de mes clientes, « transparente » ? Je trouve cela effrayant et faux ! Elle est toujours désirable et surtout inspirante !

Il est temps de faire changer ce regard, de respecter la diversité des représentations féminines ! Qu'en penses-tu ?

De : Aurélie
À : Julie

Oui, je suis d'accord avec toi : il est important d'accueillir l'évolution de notre corps, et notamment les signes de l'âge. Car une femme est belle à tout âge. Mais ces injonctions esthétiques que certaines s'imposent sont souvent liées à un manque de confiance en elles et d'estime de soi. Cela peut révéler un mal-être beaucoup plus profond, qui est lié aussi je pense au regard des hommes.

Cela me rappelle une réflexion que je m'étais faite il n'y a pas très longtemps, alors que je m'étonnais de voir sur les réseaux sociaux des photos régulières d'une femme entièrement refaite, mais surtout qui ne montrait que son buste ou le bas de son corps : clairement, elle ne se photographiait qu'à partir de sa poitrine. Et je me souviens de la réflexion que tu m'avais faite à l'époque : si cette femme « coupait » ainsi son visage, peut-être était-elle réellement déconnectée de ce même corps ?

Cela m'a été confirmé par Sylvie Lefranc, qui a popularisé le yoga du visage (dont je suis une grande fan et pratiquante !) en France. Elle m'expliquait que le but de cette discipline n'était pas de rajeunir ou de changer le corps des femmes, mais de les accompagner dans l'âge, contrairement à la chirurgie esthétique qui bien souvent comble un vide sans fond, causé par d'importantes failles dans la représentation que l'on a de soi, révélatrices d'un mal-être terrible.

C'est pour cette raison que cette vague *body positive* m'enthousiasme ! Cela fait un bien fou et moi aussi j'essaie de lâcher les « diktats » imposés, même si ce n'est pas toujours évident. Si je sens que j'ai pris quelques kilos, je réajuste de moi-même avec du sport et une alimentation un peu plus équilibrée, mais stop au règne de la balance. Au-delà, je pense que l'on peut aussi se demander régulièrement quel est notre rapport au corps, les parties que nous aimons et celles que nous n'apprécions pas, et comment apporter de la douceur à notre corps ?

Si ce n'est pas toujours facile d'aimer ses imperfections, il faut se dire que tout le monde a ses complexes. On peut aussi explorer ces pistes pour nous réconcilier avec notre image : devant le miroir, se focaliser sur les parties de notre corps que l'on aime bien, et considérer avec bienveillance celles que l'on aime moins ; bouger son corps : on en a déjà parlé, c'est un atout essentiel pour rester connecté avec lui, n'est-ce pas Julie ?

Essayons autant que possible de ne pas nous comparer aux autres, c'est l'une des plus grandes sources de tristesse (ne confondons pas inspiration et envie !), restons focalisées sur nous-mêmes, nos ressentis ; mangeons en pleine conscience : cela nous permettra de mieux écouter notre corps et ses envies. Pas de frustration : on peut craquer de temps en temps sans culpabiliser sur la *junk food*, mais compensons par une journée *healthy* le lendemain ! Tout est (comme toujours !) dans l'équilibre. C'est vrai pour notre « bien-être », mais aussi, de manière plus grave, dans un autre domaine : celui du respect de l'intégrité de notre corps. Si l'époque « est » (ou « se dit » ?) féministe, les violences obstétricales, « la charge mentale » sont toujours là et l'intime percute de plus en plus, et de manières différentes, l'espace public. Il y a en plus ce que l'on pourrait appeler une « crise de l'autorité médicale » : beaucoup d'entre nous se contentent de ce que disent les médecins, et beaucoup se tournent vers Internet et réclament le droit à des réponses argumentées, pour reprendre aussi le pouvoir sur leur corps et leur santé. Mettons-nous en tête qu'il n'y a pas de questions stupides ni taboues, mais que des questions légitimes.

Notre corps, nos corps de femmes

L'écrivain et médecin Martin Winckler souligne dans son dernier livre *C'est mon corps* un aspect que l'on oublie souvent : la charge physiologique du corps féminin. Effectivement, si l'on connaît maintenant la charge mentale introduite dans le débat féministe francophone par la dessinatrice Emma sur son blog en 2017, on l'entend souvent comme une surcharge de responsabilité, de planification, d'anticipation et de résolution des problèmes du quotidien par les femmes qui vivent en couple et ont des enfants. Mais n'oublions pas la charge physiologique, qui est aussi très présente et pour cause : le poids inhérent d'exister dans un corps féminin plutôt que masculin (un homme ne vivra « que » les bouleversements de la puberté). Les femmes, elles, vivront leurs règles, parfois leurs grossesses, les périodes d'allaitement, les fausses couches, la ménopause, pendant quarante années consécutives ! Nous ne parlons pas même ici de sujets encore plus graves comme le viol ou la maltraitance, mais tout cela peut aussi entraîner, selon moi, un sentiment de vulnérabilité et une certaine entrave (encore aujourd'hui) à la liberté.

Pas toujours simple de nous sentir bien dans notre corps et dans notre peau, n'est-ce pas ? Il est normal aussi de ne pas être au top tous les jours, nos cycles et nos hormones y sont parfois pour beaucoup, nous le savons bien et nous l'expérimentons tous les jours en tant que femmes.

Comment arriver à nous détacher du regard des autres ? À nous réconcilier avec notre corps ? À nous accepter telles que nous sommes, sans jugement aucun ? En commençant par l'écouter, car il a beaucoup de choses à nous dire.

Nous vous encourageons, vous aussi, comme nous avons appris à le faire, à prendre soin de votre corps à tous les niveaux : psychologiquement, spirituellement et physiquement.

Ne rentrez pas dans des comparaisons inutiles et acceptez-vous comme vous êtes, c'est peut-être facile à dire, mais il existe de nombreuses façons d'y arriver. Nous croyons en vous !

Prendre soin de son corps, le respecter, le chouchouter et finir par l'aimer, passe d'abord et avant tout par sa découverte, sa connaissance. Comme il est délicat d'aimer quelqu'un que l'on ne connaît pas, la relation au corps requiert un véritable effort de familiarisation.

Nous vous proposons ici plusieurs rituels à adopter, susceptibles de vous donner une chance d'aimer votre corps.

1 **Le brossage du corps à sec.** Le matin ou le soir avant la douche (fraîche de préférence), vous avez sans doute l'habitude de vous brosser les cheveux, les dents, mais avez-vous déjà pensé à vous brosser le corps ou même le visage ? (Pour le visage, n'hésitez pas à regarder les vidéos et à lire le livre de Sylvie Lefranc, voir p. 215.) C'est l'une de nos « habitudes bien-être » au quotidien depuis quelques années. Il suffit pour cela de se munir d'une brosse à

poils naturels et doux, afin de procéder à un brossage du corps en respectant le sens de la lymphe. Vous trouverez de nombreux tutos ou schémas sur Internet sur le sens de brossage à adopter pour vous accompagner au début.

À effectuer sur peau sèche durant 5 à 10 minutes et sur une période de 3 à 4 semaines avant de voir les premiers résultats, un peu de patience donc… Ce brossage permet un gain de vitalité, mais il peut aussi bien détendre, délasser après une journée harassante. Il permet aussi de stimuler le système lymphatique, d'exfolier la peau en douceur, de favoriser la circulation sanguine, de réduire la cellulite et d'améliorer, d'adoucir la texture de la peau…

2 **La douche énergétique.** Le soir, en rentrant à la maison, fatiguée, prenez quelques minutes pour vous afin d'effectuer la douche énergétique, méthode issue de la relaxation dynamique en sophrologie. Pour cela, vous n'avez besoin d'aucun matériel spécifique, juste vos mains. C'est une reconnexion à soi, un dépoussiérage, un nettoyage de toutes les tensions : debout, les pieds nus écartés de la largeur de vos hanches, venez frotter vos mains très fort l'une contre l'autre, les yeux fermés ou ouverts, et sentez la chaleur monter dans vos mains puis posez-les délicatement sur le sommet de votre tête…

Ressentez le côté apaisant de ce geste bienveillant envers vous-même et formulez une intention positive pour ce moment que vous décidez de vous accorder, comme : « Je prends soin de moi », « J'ai de la valeur », « J'accepte de m'aimer »… Formulez-la avec vos mots. Imaginez ensuite que vous retirez délicatement ou de façon énergique, du bout des doigts, toutes les tensions, la pollution de cette journée, en commençant par les cheveux, puis le front, les yeux, les cils, les sourcils, le nez, les joues, la bouche, le cou, les épaules, les bras, les avant-bras, les mains… Remontez vos mains et poursuivez en dépoussiérant votre buste, vos seins, votre ventre, votre pubis… Puis le haut du dos, le bas du dos, et enfin les cuisses, l'intérieur des cuisses, les genoux, les mollets, les pieds au-dessus et en dessous…

Redressez-vous ensuite doucement en déroulant le dos et observez vos sensations corporelles. Que ressentez-vous ? De la chaleur, du froid, des fourmillements ? Comment est votre respiration ? Avez-vous besoin de recommencer ? Si oui, allez-y ! Faites-vous confiance et plaisir !

3 **Retrouvez une photo de vous il y a cinq ou dix ans.** À tous les coups, vous allez vous dire : « Mais je n'étais pas si mal… », vous allez vous rendre compte à quel point vous avez été sévère avec vous ! Alors essayez d'imaginer ce que vous pourriez dire dans cinq ou dix ans en regardant une photo prise aujourd'hui… Et reportez cette réflexion du futur à l'instant même.

Et si vraiment vous ne supportez plus les 10 kg que vous avez en trop sur la balance, décidez maintenant de tout mettre en place pour réussir à les perdre, mais en conscience, bienveillance et patience, s'il vous plaît ! Commencez par manger équilibré, mais sans vous priver pour autant, bougez davantage (marchez ou trouvez une activité qui vous convient), travaillez sur vous… Pour cela, mettez de la couleur sur vos joues, dans votre assiette, vos vêtements, votre tenue de sport ! Assumez qui vous êtes avec fierté et n'attendez pas que cela vienne de quelqu'un d'autre que vous !

Frida Kahlo (1907-1954)

Qui a pu le mieux représenter le corps, ses souffrances, que Frida Kahlo ? À la suite d'un grave accident de la circulation, elle s'est retrouvée dans une situation de handicap extrême, soumise à maintes interventions chirurgicales. Elle a alors commencé une activité de peintre et ses œuvres sont le résultat de ses projections corporelles qui symbolisent autant de douleurs métamorphosées : elle s'est représentée sur la toile avec ce qui lui arrivait, exprimant ce qu'elle ressentait dans son corps. À chaque événement traumatique de sa vie correspondait un tableau : le corps en miettes, les opérations, sa première fausse couche, la seconde, la trahison de Diego, le divorce...

- 5 -

La famille

« Je n'ai toujours pas entendu d'hommes demander des conseils sur la manière d'allier le travail et la vie de famille. »

Gloria STEINEM

« Bien des femmes englouties dans le mariage ont été perdues pour l'humanité. »

Simone DE BEAUVOIR

De : Julie
À : Aurélie

Selon l'accord du 15 décembre 2017 relatif à l'évolution des droits familiaux, la famille est une communauté de personnes réunies par des liens de parenté existant dans toutes les sociétés humaines et dotée d'un nom, d'un domicile, et qui crée entre ses membres une obligation de solidarité morale et matérielle (notamment entre époux et parents-enfants), censée les protéger et favoriser leur développement social, physique et affectif. Pour l'Insee, c'est la partie d'un ménage comprenant au moins deux personnes. Elle est constituée d'un couple vivant au sein du ménage, avec le cas échéant son ou ses enfant(s) ou d'un adulte avec son ou ses enfant(s) (les enfants appartenant au même ménage). Le Code civil ne la définit pas mais organise les relations conjugales et parentales. Pour le philosophe et théoricien Friedrich Engels, *famulus* veut dire « esclave domestique » et la *familia*, c'est l'ensemble des esclaves qui appartiennent à un même homme…

L'expression fut donc inventée par les Romains afin de désigner une nouvelle organisation sociale à la tête de laquelle se tenait le *paterfamilias*. Celui-ci avait sous son autorité sa femme, ses enfants et un certain nombre d'esclaves ; ils avaient sur eux droit de vie et de mort.

Vaste programme et douce perspective…

Mais qu'en est-il aujourd'hui et dans la vraie vie ?

Force est de constater que l'on a quand même beaucoup progressé tant sur l'évolution des mœurs que sur les mentalités en général, même si, on s'en afflige régulièrement, certains hommes et certains pays vivent en quelque sorte encore au rythme de cette fameuse conception romaine de la famille. La place de la femme au sein du foyer et de la société est, elle aussi, un sujet sur lequel il reste quelques points à améliorer...

Qu'est-ce qu'une famille aujourd'hui ?

C'est une question que je me suis souvent posée et plus spécialement après la séparation avec le père de mes enfants ; il me fallait réfléchir au nouvel équilibre, je devrais dire plus exactement la frontière à trouver, dans le cadre d'une garde partagée et alternée.

Que devenait en si peu de temps l'image magnifiée que je m'étais faite et à laquelle j'avais voulu coller, cet « idéal » d'une famille classique avec un papa, une maman et deux enfants... En étant seule une semaine sur deux juste après notre séparation, que devenait ce qui constituait mon socle familial ? Est-ce que la famille se reconstituait uniquement quand j'étais avec mes enfants, ou perdurait-elle au travers des liens biologiques que nous avions créés ? Et lorsque mon mari actuel a eu « intégré » ce trio, devenions-nous une famille, recomposée donc, ou n'était-ce encore qu'une étiquette ?

Les hasards de la vie m'ont permis de me rendre compte que j'étais loin d'être seule à me poser ces questions.

Et il y en avait d'autres encore : pourquoi ai-je fait des enfants avec un homme et non pas seule ou avec une femme ?

Sans doute parce que j'étais hétérosexuelle, une réalité que je n'avais pas choisie (c'est ainsi !) et parce que je rêvais du couple idéal autour d'un enfant, vraisemblablement comme une réparation. Ce qui est certain avec le recul, c'est que je rêvais de tenter ma chance dans cette folle aventure du couple et d'essayer ainsi de faire mieux que mes parents. Une utopie ? Un manque cruel d'originalité ?

Pourquoi ai-je fait des enfants ? Pourquoi faisons-nous des enfants ?

Mon premier enfant a été conçu dans un désir de transmission, j'avais envie de partager, d'aimer quelqu'un très fort, c'était un besoin viscéral pour moi et mon compagnon à l'époque.

Mais pourquoi avoir fait un second enfant ? Était-ce une pression sociale ?! Absolument ! Avoir un enfant unique n'est visiblement pas très bien perçu.

Je m'explique. Ayant à peine accouché du premier, à peine récupéré des nuits blanches, à peine la reprise en main du corps plus ou moins traumatisé par neuf mois intenses, à peine la reprise plus ou moins difficile de sa place au travail que la belle-famille et les « amis » vous bassinent avec le fameux : « Alors, c'est pour quand la petite sœur ? » Que celle qui n'a jamais entendu ce type de commentaire lève la main !

J'imagine d'ailleurs très bien ce que peuvent vivre et entendre les femmes de trente-cinq ans et plus sans enfant… Ce type de pression est terrible. Quand cela cessera-t-il enfin ?

Même si je suis plus qu'heureuse aujourd'hui d'avoir eu ma fille, j'ai envie de crier rétrospectivement : « FOUTEZ-NOUS LA PAIX ! » ou, comme dit si bien le titre de l'ouvrage de Fiona Schmidt : « LÂCHEZ-NOUS L'UTÉRUS ! »

Bien entendu, certaines femmes adorent être enceintes et trouvent que c'est un vrai plaisir, que rien ne change particulièrement, c'est super, tant mieux pour elles et je respecte cela complètement, mais en général, quand on va au-delà des apparences, ce que je peux entendre des discours des femmes après une grossesse et un accouchement est rarement aussi idyllique.

Il peut aussi y avoir des encouragements inattendus. Le père de mes enfants désirait absolument un second enfant car il ne se voyait pas avec un enfant unique. J'ai cédé et nous sommes devenus un couple pacsé avec deux enfants.

En prenant un peu de distance sur cette vision traditionnelle de voir le monde, la famille ne serait-elle pas avant tout deux personnes qui s'aiment et veulent construire quelque chose ensemble, ou bien ce concept pourrait-il passer de l'humain au matériel en décrivant tous ceux qui simplement vivent sous un même toit, dans la même maison ? Et puis, quand on vit seul mais que l'on a des parents, des frères, des sœurs vivant ailleurs, cesse-t-on d'appartenir à une famille ? Ainsi, une personne qui vit seule avec des parents, un frère ou une sœur ou les deux ou pas pendant des années, fait-elle toujours partie de cette famille quand toutes ces personnes ne sont plus ensemble (au point d'accélérer l'envie de créer sa propre famille) ?

Et puis faut-il nécessairement avoir un lien de sang pour parler de famille, comme je viens de l'évoquer ?

Je pense ici aux fameuses familles recomposées, des enfants adoptés ou venant des ovules d'une autre femme, des spermatozoïdes venant d'une banque spécialisée...

Tout est tellement complexe. Et on pourrait encore compliquer la réflexion que nous menons ensemble ici avec l'idée que les amis sont la famille que l'on s'est choisie…

Quelle qu'en soit sa composition, la famille serait donc en réalité ce que l'on crée avec un lien d'amour. Quelle qu'en soit sa composition et sans *a priori* sur les âges et les sexes de ses membres…

De : Aurélie
À : Julie

Sans nul doute, je ne considère pas qu'il faille nécessairement avoir des liens de parenté pour définir une famille. Il s'agit plus d'une norme sociale, instituée il y a fort longtemps d'ailleurs pour contrôler le corps des femmes et leur sexualité.

En ce qui me concerne, c'est très clair, je fonctionne avec ma famille comme avec mon entourage de manière générale. Si ce sont des personnes avec lesquelles « j'accroche » bien et pour lesquelles j'éprouve une affection sincère, elles feront partie (au même titre que mes amis) de mes « proches ».

Pour les autres, j'ai décidé de ne pas me perdre dans des états d'âme et des questions sans réponses. La vie est courte et je veux la partager avec ceux que j'aime sans l'injonction du lien du sang. Car les liens biologiques ne sont pas toujours ceux qui nous apportent le plus grand des réconforts, et certains membres de notre famille peuvent être les plus toxiques pour nous, bien loin du soutien dont nos amis peuvent faire preuve à notre égard.

Mais je suis d'accord avec toi, il y a d'autres modèles à réinventer, sûrement plus en accord avec nos réels désirs de femmes et avec cette société en perpétuelle évolution. Car la famille prend maintenant une direction nouvelle, elle se restructure. Je sais aujourd'hui que la personne que j'aime le plus et de manière inconditionnelle, c'est ma fille. Mais pas uniquement parce que nous sommes de la même famille, surtout grâce à notre complicité, nos échanges, rendus possibles par QUI elle est, avec son caractère, ses goûts, ses envies... Un petit bout de femme à part entière qui n'est pas juste « ma fille ».

J'ai remarqué que lorsque la famille est marquée par le ressentiment, les conflits et les secrets de famille qui bouillonnent en silence, nous avons beau avoir grandi, fait notre vie et quelquefois même être devenus parents, nous nous retrouvons souvent renvoyées au cœur de notre enfance et de ses difficultés.

À l'heure où je t'écris ce mail, c'est bientôt Noël, moment critique s'il en est avec son cortège de retrouvailles (parfois aussi lourdes à digérer que le repas !). Si certains en rêvent, d'autres trouvent plus compliqué de subir cet archétype de la fête familiale angoissante. Il faut dire que différentes facettes de notre identité et de notre mémoire se télescopent ; Sigmund Freud nous explique d'ailleurs que pour progresser, l'être humain doit se détacher de ses parents : après les avoir idéalisés, il aura le besoin de les « destituer ». Mais finalement, nous libérer de nos parents, n'est-ce pas renoncer à composer à la fois avec la famille que nous avons formée en tant qu'adultes et celle de notre enfance ? Notre psychisme (avec les traces indélébiles laissées par ce lien avec la famille et plus spécifiquement nos parents) nous met toujours dans l'attente d'être reconnus par eux à notre juste valeur. Et j'ai envie de dire que, quoi qu'il se passe dans notre parcours de vie ultérieur, nos parents font et feront toujours partie de notre scène intérieure. Ne devons-nous pas oublier toute demande à leur égard, pour devenir à notre tour libres et libérées ? De manière générale, il paraît que grandir, c'est cesser d'en vouloir à ses parents. On dit aussi que la colère est un passage obligé, même si l'idéal est de régler ses comptes avec soi avant d'en parler avec ses parents. Quelquefois, cela doit passer par le conflit, mais penser qu'après, nous nous entendrons bien avec eux est une illusion. Cela n'est pas toujours facile, mais si nous réussissons à faire ce deuil, cela devient libérateur ! Pour ma part, je me dis que l'on ne peut « changer » quelqu'un que si la personne elle-même est partante pour cette transformation. On ne peut que l'accompagner, jamais la forcer.

Pour conclure, j'aimerais partager avec toi cette citation du psychiatre Boris Cyrulnik qui m'aide personnellement beaucoup à avancer : « On se soumet à son histoire ou on s'en libère en l'utilisant. Tel est notre choix, contrainte à répéter ou à se dégager. »

De : Julie
À : Aurélie

Je me suis souvent interrogée pour savoir s'il ne serait pas plus sain – dans certains cas – de choisir de nous éloigner géographiquement de nos familles ? Nous le ferions avec sérénité et en pardonnant, afin de voler de nos propres ailes et de développer ainsi nos propres ressources.

Je suis en effet convaincue que bon nombre d'entre nous restons en contact avec nos parents pour garder un lien et faire comme tout le monde. Peut-être dans une forme d'obligation, de devoir quand il ne s'agit pas d'aliénation. Tu évoques Noël, cette fête que beaucoup de personnes affectionnent ou attendent avec impatience… Figure-toi que pour moi, c'est une épreuve.

Ce matin, en allumant mon téléphone et en allant regarder ce qui se passait sur les réseaux sociaux, comme nous sommes nombreux à le faire, je n'y ai vu qu'une succession de sapins de Noël fraîchement déguisés… Déjà ? Nous sommes à peine en novembre, me suis-je dit, ne pouvez-vous pas nous laisser tranquilles quelques jours avec ça ? Qui parle en moi quand je pense cela ?

Je n'ai évidemment rien contre les sapins joliment décorés par des personnes enthousiastes et heureuses, aucune phobie non plus de cette verdure envahissante, mais j'y vois davantage un symbole de l'injonction du bonheur en famille. Le « il faut faire le sapin » s'oppose en moi au « ai-je vraiment du plaisir à reproduire ce geste chaque année ? ».

Tout le monde n'a pas la chance d'avoir une famille aimante et tolérante ou tout simplement une famille encore de ce monde, ou encore une famille qui se trouve proche géographiquement et des enfants présents le jour de Noël. Que faire quand nos parents eux-mêmes n'aimaient pas trop ces « fêtes » ? L'histoire de Noël n'est qu'un exemple évidemment, tout ne s'y résume pas. Mais cela pose la question cruciale de savoir si nous devons oui ou non tomber dans le piège de la loyauté, suivre la trace de nos parents, de notre famille, ou plutôt nous réinventer et nous poser en tant qu'êtres responsables de notre vie.

Comme l'a très bien dit Anne Ancelin-Schutzenberger, psychothérapeute et spécialiste de la psychogénéalogie dans son livre *Ces enfants malades de leurs parents* : « Nous pouvons reconquérir notre liberté et sortir de la répétition ou de l'opposition, du silence glacial de mort, en comprenant ce qui se passe, en saisissant ces fils ténus relationnels dans leur contexte, leur ambivalence, leur intrication et leur complexité. »

Un exemple : ma mère a souhaité, quand j'étais petite, ne pas me faire croire au Père Noël, elle ne voulait sans doute pas que je vive ma première déception sentimentale dans ces conditions… En effet, elle avait pris cette décision pour moi, car elle avait ressenti un très fort sentiment de trahison lorsqu'elle avait découvert à l'âge de huit ans que ce vieillard à la longue barbe blanche habillé de rouge, les bras pleins de cadeaux… n'existait pas, était faux, était un mensonge, certes féerique mais un mensonge quand même !

Pour ma part, ne connaissant pas grand-chose à l'excitation que cela pouvait procurer d'attendre le Père Noël, je l'ai inventé pour mes enfants, je souhaitais qu'ils aient eux des souvenirs de cette période magique et être ainsi « comme tout le monde ». J'espère y être parvenue et sans avoir créé de traumatismes à mon tour…

Dois-je en vouloir pour cela à ma mère ou même à mon père de ne pas avoir finalement donné son avis et de ne pas s'être imposé à l'époque ? Bien sûr que non ! Ils ont fait le choix qui semblait le plus juste pour eux et avec leur propre histoire. Nous pouvons en vouloir toute notre vie à nos parents, mais en devenant adultes, nous devenons libres de prendre nos responsabilités et de faire comme nous le sentons. Nous pouvons refuser certains héritages, certaines missions. Je pense que le plus beau cadeau que l'on puisse se faire pour se libérer de ses souffrances passées et se libérer aussi du poids familial, c'est de leur pardonner.

Pardonner aux absents, aux morts trop tôt, à ceux qui n'ont pas su s'y prendre avec nous, faire le deuil de la famille idéale... Et, tant que faire se peut, garder en mémoire uniquement le goût des fameuses madeleines, le meilleur d'eux et de leurs capacités à être parents, grands-parents...

Pardonner aussi aux parents modèles, aux parents parfaits en tout point car ceux-là aussi existent – pour de vrai ou en apparence, mais ils existent. Et soyons conscientes que pour leurs enfants, aussi étrange que cela puisse paraître, ils ne sont pas forcément des cadeaux. Des parents avec des frères et des sœurs aimants, tolérants, à l'écoute, bienveillants et compatissants... Le rêve pour beaucoup d'entre nous ! Néanmoins, on sait qu'il est important pour un enfant de grandir dans l'opposition à ses parents et avec certains manques, car cela va lui permettre de développer certaines forces, valeurs, résilience, des ressources précieuses pour avancer sur le chemin de la vie.

Alors faut-il rester loyales à l'image de perfection symbolique de certains parents ?

J'ai rencontré en séance de sophroanalyse bon nombre de femmes en souffrance, car le temps passe et elles n'ont ni mari, ni enfants, ce n'est en soi nullement une fatalité si cela est un choix, mais peut devenir une tragédie dans la projection d'une vie parfaite, fantasmée, idéalisée et normative.

Ce sont souvent des femmes avec des parents « parfaits », en couple depuis toujours, qui ont construit ensemble une vie de famille équilibrée, qui aident leurs enfants, qui sont présents et à l'écoute… Le fameux idéal que j'évoquais plus haut. Dans cette image de parents proches de la perfection, il y a l'image symbolique d'une barre finalement mise très haute. Pas évident de se sentir à la hauteur dans ce cas-là.

Comment être soi et s'accepter avec ses imperfections quand ses modèles sont à ce point sacralisés ? Comme dit Nicole Prieur, psychothérapeute et auteure de nombreux ouvrages en lien avec les relations familiales : « Peut-être que se réaliser, en tant qu'être humain, c'est être toujours en partance », partir, mettre de la distance pour mieux être soi, se réaliser en tant que personne à part entière avec ses propres codes, s'inventer ou se réinventer même pour quelque temps. Se défaire ainsi de ses chaînes, qu'elles soient positives ou négatives, et pardonner même la perfection.

L'une des clés pour être en paix avec sa famille est peut-être de partir à sa découverte, d'aller l'explorer pour mieux appréhender son histoire, savoir d'où l'on vient. Certains y parviennent en travaillant sur leur généalogie en faisant parfois des recherches simples pour connaître leurs ancêtres et peut-être découvrir des choses incroyables sur ceux et celles qui les ont précédés ou en faisant un travail plus approfondi, en psychogénéalogie et en élaborant son génosociogramme, par exemple. Savoir d'où nous venons nous rend résilientes.

En sophroanalyse intégrative, nous abordons le sujet, et la capacité de libération qui en ressort est parfois incroyable. Les personnes qui vont à la recherche de leurs aînés ont dans l'œil une petite flamme d'excitation, la même que l'on peut avoir enfant à l'idée d'ouvrir un paquet cadeau ; c'est de l'ordre de la curiosité de soi, de ses gênes, de son histoire dans l'Histoire.

Accompagner quelqu'un en thérapie est pour moi un moment merveilleux, car cette personne va à la découverte de ses origines, elle se reconnecte à ses ancêtres, à ses racines et à elle-même. J'ai l'impression d'accompagner cette personne à un dîner en famille, chaleureux – ce sont parfois des moments très émouvants. La famille, ce sont aussi ceux-là, ceux et celles qui ont vécu avant nous, des guerres, des épidémies, des crises… Ne les oublions pas, car nous portons parfois malgré nous certains de leurs bagages que nous devons assumer et auxquels il faut faire face aujourd'hui.

C'est un héritage qui peut parfois paraître lourd mais qui une fois compris et pacifié devient un véritable cadeau. Le plus puissant dans cette recherche, pour moi, ce sont les lignées de femmes qui nous ont précédées, car elles portent tout en elles, les mémoires, les traumatismes, mais sans doute aussi tout l'amour du monde, et si nous pouvons parfois avoir un doute sur l'identité de notre père génétique, nous sommes certains de l'identité de notre mère.

De : Aurélie
À : Julie

J'aimerais revenir justement sur cette mère que tu évoques : celle qui constitue le socle, la base de la famille. Toutes les mères sont riches de paradoxes, j'essaie pour ma part de me dire que la mienne a fait ce qu'elle a pu de sa vie de femme. Et si la mère représente un lien vers le passé dont nous voulons parfois nous débarrasser, il s'agit aussi d'un port d'attache, un point d'ancrage essentiel. Et comprendre sa relation à sa mère est, pour une femme, une étape nécessaire pour vivre sereinement l'avenir, car il s'agit ni plus ni moins d'un lien qui conditionne sa vie.

Comme le dit André Comte-Sponville, « l'amour, pour l'individu comme pour l'espèce, commence par la mère qui est la vie, et qui est la douceur ». Pour le philosophe, « ce qu'elle a de féminin – ou qui paraît tel –, c'est un courage sans violence, une force sans dureté, un amour sans colère ». N'oublions pas que la mère est le symbole même de l'amour indéfectible, de l'accueil et de la réceptivité. Marie, la mère de Jésus, est célébrée pour avoir conçu le fils de Dieu, elle incarne à la fois l'amour, la compassion et l'intercession féminine. On retrouve dans d'autres traditions spirituelles cette figure très forte de la mère, comme Tara, une divinité féminine du bouddhisme que j'apprécie beaucoup, tant sa ressemblance avec Marie m'interpelle. À la fois personnification de la Prajnaparamita (la connaissance de l'absolu) et mère attentive à protéger ses fidèles, elle est l'objet d'une dévotion profonde de tous les Tibétains, qu'ils soient nomades ou érudits dans des monastères. La mère nourricière est partout : des figurations féminines antiques les plus connues à Isis nourrissant Horus au sein… On les retrouve dans toutes les civilisations et époques confondues. Dès l'époque néolithique, la statuaire des déesses de la Fertilité annonce les mythologies grecque et romaine, créatrices, nourricières et protectrices. Divinité, pureté et beauté, la douce figure maternelle inspire une vénération que l'on retrouve dans les trois religions du Livre : le christianisme, l'islam et le judaïsme, mais aussi dans l'hindouisme, le bouddhisme et le taoïsme. La déesse suprême en Inde, Umâ, la Mère des Mères, est sûrement la plus touchante. Elle donne naissance à toute vie et continue, comme dans le passé quand elle enfanta Shiva, de le faire avec l'Univers. Comme le confiait l'activiste indien Satish Kumar (que j'adore !) : « L'Univers tout entier, ce que nous voyons et ce que nous ne voyons pas, dépend d'Umâ, la déesse mère. Elle nous tient dans ses bras et sur ses genoux. Elle veille sur nous. Faites-lui confiance. Abandonnez-vous au mouvement perpétuel de l'Univers. Il suffit d'entrer dans la danse ! »

Quand nous pensons à notre famille, nous pensons d'abord à celle issue des liens du sang : nos parents, nos frères et sœurs. Très vite, notre environnement familial s'est défini comme le cadre ou le milieu de référence et l'ambiance dans lesquels nous avons grandi toutes les deux. Nous l'avons chacune expérimenté et, que nous le voulions ou non, nous en sommes le fruit.

Et la personnalité de nos enfants, aujourd'hui et demain, dépend et dépendra de l'environnement dans lequel nous les élevons...

Cependant, n'oublions pas notre résilience, notre capacité à élargir avec de nouveaux liens, parfois plus forts, vers d'autres types de familles, celles des amis, des amours et d'autres connaissances professionnelles.

Celles et ceux que nous considérons alors comme notre vraie famille sont en tout cas celles et ceux qui restent, qui nous soutiennent et qui nous tendent la main quand tout s'effondre dans notre vie.

La meilleure façon de nous retrouver en famille, que nous soyons deux ou plus, c'est bien souvent autour d'un bon plat ou d'un gâteau, mais nous pouvons aussi nous retrouver autour d'un temps à passer ensemble, autrement et autour d'une bougie. Nous vous proposons cette pratique qui vous permettra de vous retrouver avec votre famille, quelle qu'elle soit, pour un moment de partage, de réconciliation ou d'harmonisation…

Placez-vous tous autour d'une bougie, par terre par exemple, assis sur des coussins positionnés en cercle, comme les Indiens.

Avec les plus jeunes, vous pouvez imaginer une histoire et leur faire croire que vous êtes autour d'un immense feu de bois sacré… Vous pouvez vous tenir les mains si vous le souhaitez, si vous sentez que c'est important pour vous.

(Pour ce temps de méditation avec un enfant, il faut impérativement que celui-ci soit d'accord pour méditer, que l'adulte ou les adultes soient totalement disponibles, tous les téléphones et ordinateurs éteints, il n'y a rien à faire, rien à réussir, il n'y a aucun jugement ni sur soi, ni sur l'autre. Le but est de tourner son regard dans la même direction, le même objectif.)

Portez alors votre attention sur la bougie, prenez conscience de votre corps, de votre respiration, et observez le mouvement de la flamme.

Prenez une grande inspiration dans le ventre et, sur une longue expiration douce, faites danser la flamme sans l'éteindre et, mentalement pour les plus grands, imaginez que vous expirez votre stress, vos tensions, et que le feu sacré les désagrège. Observez la flamme en train de danser, imaginez sa chaleur vous envelopper avec douceur. Puis, au bout du temps que vous aviez décidé au départ, tout le monde prend une grande inspiration et souffle fort sur la bougie pour l'éteindre en faisant deux vœux : un pour soi et un autre pour sa famille.

Christiane Taubira (née en 1952)

Qui n'a pas en mémoire le discours de celle qui était alors garde des Sceaux inaugurant le débat sur le projet de loi d'ouverture du mariage au couple du même sexe ? Il n'est pas sans rappeler celui de Simone Veil et son combat pour l'IVG. Avec cette loi, depuis simplement appelée « loi Taubira », la France devient le 18 mai 2013, date de sa promulgation, le neuvième pays européen, le quatorzième mondial, à autoriser le mariage de personnes de même sexe. En juin de cette année-là, la Marche des fiertés des homos se transforme en marche nuptiale. Merci madame.

- 6 -
La confiance

« Je n'ai rien à prouver à personne, j'ai juste à suivre mon cœur et me concentrer sur ce que je veux dire au monde. Je dirige moi-même mon monde. »

BEYONCÉ

De : Aurélie
À : Julie

Ce thème de la confiance me plaît beaucoup car il touche tellement de domaines dans notre vie ! Je le décline ainsi : la confiance en soi, l'estime de soi (véritable socle !) et enfin la confiance en autrui.

À une époque où l'on nous presse pour être plus riches, plus minces, intelligentes et plus rapides, nous sommes toutes en proie à l'inquiétude et au doute de soi. Bref, nous écoutons tout le monde, sauf nous-mêmes.

L'estime de soi n'est pas toujours facile à conquérir, surtout lorsque nous en avons été privées enfants ! Elle nous procure pourtant un sentiment profond de liberté intérieure en nous permettant de nous sentir capables de faire face aux aléas du quotidien et de pouvoir goûter sereinement à l'amour, la joie et la paix. Peut-être qu'une des clés est de faire confiance à ces jours au moment même où nous en manquons tellement !

J'ai pour ma part vécu un déficit de confiance en moi, nourri par le fait que j'avais une mère assez angoissée (et m'empêchant donc de faire un certain nombre de choses !). Cela explique sûrement qu'après avoir quitté le domicile parental, je me sois lancée dans des aventures bien en dehors de ma « zone de confort », en couvrant notamment l'actualité de pays en guerre. Je peux te dire que le jour où ma mère m'a appelée en pensant que j'étais en train de me prélasser autour de la piscine d'un hôtel cinq étoiles en Jordanie et que j'ai dû lui avouer que j'étais à Bagdad car elle entendait les tirs de snipers, cela a été compliqué à gérer ! Mais je ne regrette en rien ces expériences qui m'ont fait grandir, il s'agit pour moi de véritables épreuves initiatiques. Ce manque de confiance en moi m'a pourtant souvent joué des tours. Je pense notamment à mon plus grand regret : avoir dit non à un déjeuner en tête à tête avec l'abbé Pierre ! Un ami, qui écrivait un livre avec cette personne exceptionnelle, avait eu cette jolie initiative que j'ai refusée par peur de ne pas être à la hauteur !

L'estime de soi (indissociable de la confiance !) me semble essentielle pour nous connecter à notre puissance intérieure. Il nous arrive souvent de rechercher l'amour auprès des autres. Cela crée pourtant un lien de dépendance qui nous fait nous oublier (et, nous faisons souvent passer nos besoins après ceux des autres !).

L'estime de soi, c'est aussi reconnaître, accepter son imperfection et l'aimer. Accueillir avec bienveillance nos expériences, bonnes ou mauvaises, nos peurs et nos doutes, est indispensable pour avancer. Personnellement, je pense que les êtres, par leur nature profondément spirituelle, leur « nature de Bouddha », comme on dit dans le bouddhisme, recèlent tous un amour puissant en eux qui ne dépend pas des circonstances extérieures.

J'ai remarqué que les personnes les plus confiantes sont celles qui sont capables de trouver un équilibre entre aider les autres et demander de l'aide quand elles en ont elles-mêmes besoin. En élargissant notre horizon et en sortant de notre zone de confort, nous nous sentons plus accomplies.

C'est aussi un choix : lorsque nous décidons plutôt d'agir avec confiance et confiance en nous dans nos interactions avec les autres, nous devenons plus à l'aise et en mesure de transformer la qualité de nos interactions, c'est un cercle vertueux en quelque sorte ! J'aime beaucoup cette citation de Marlene Sanders, journaliste également, une pionnière puisque c'est la première femme qui a couvert la guerre du Viêtnam. Elle expliquait à une jeune consœur : « Ne vous excusez jamais de travailler. Vous aimez ce que vous faites, et aimer ce que vous faites est un merveilleux cadeau à offrir à votre enfant. »

Cela vient aussi de la flexibilité – comprendre qu'il existe une variété de réponses possibles à une situation donnée et compter sur notre capacité à trouver celle qui est appropriée. Évitons de dépenser toute notre énergie émotionnelle. Nous n'avons pas à vivre dans la peur de l'avenir. Nous sommes libres d'être dans le moment présent et finalement, agir avec confiance en soi nous permet d'intégrer en permanence ces qualités dans notre personnalité !

De : Julie
À : Aurélie

En lisant tes lignes, je me dis qu'en effet, le sujet de la confiance est bien vaste...

Je m'imprègne de ton histoire et, progressivement, elle me renvoie à ma propre expérience en tant que jeune fille. Très vite, je me dis que mes parents, en voulant me protéger et en ne me laissant pas faire certaines choses, ont enlevé une part de confiance en moi que je n'ai réussi à récupérer que bien plus tard, bien trop tard peut-être...

Ils n'avaient pas de mauvaises intentions, j'en suis certaine. Au-delà des interdits auxquels on est confrontée en tant qu'aînée et fille - car née fille, on y revient encore, on est potentiellement en danger permanent -, on nous retire régulièrement ce droit à avoir confiance en nos capacités d'être, à pouvoir ressentir librement et à être en lien avec ce fameux sixième sens dont on parle tant, apprendre à détecter le danger par exemple.

Alors que faire ? Comment faire le bon choix avec nos filles, comment trouver le bon point d'équilibre pour ne pas les brimer mais ne pas non plus risquer de les laisser se mettre en danger ? Aussi longtemps que la plupart des hommes continueront à se comporter comme des prédateurs, le ou les parents conscients de ce que risquent leurs filles continueront à poser des interdits, là où les frères de ces dernières trouveront une liberté d'action et de mouvement. Comme s'il existait une quantité de libertés à distribuer et une autre d'interdictions, mais que la distribution n'était pas équitable que l'on soit fille ou garçon !

Ne serait-il finalement pas plus simple de parler, d'exprimer nos craintes, nos peurs d'adultes et de parents, de prévenir des risques d'agression (se balader seule dans les rues à une heure tardive par exemple) et de harcèlement potentiel en dialoguant et en écoutant le point de vue de notre enfant afin de trouver des solutions ensemble, en conscience et en confiance ? En fait, ce que j'essaie d'exprimer ici, c'est l'idée de préparer davantage l'enfant ou l'ado en lui parlant des réalités de la vie, en la mettant en position de pouvoir s'exprimer, en créant du dialogue, puis en osant tout simplement mettre notre confiance dans ses capacités à faire les bons choix et les bonnes actions en connaissance de cause. Laisser faire avec prudence, mais laisser faire dans une confiance mutuelle.

Parlons du père également et de l'importance de son regard de père sur sa fille. Celui-ci me semble plus qu'important pour une confiance à toute épreuve. Une fille aimée et respectée par son père en tant que fille et femme avance sur le chemin de la vie avec des armes inestimables, à mon sens.

Pour ma part, mon père me comparait sans cesse à ma sœur qui était blonde aux yeux bleus et méritait donc d'être aimée (!) ; il m'a même dit une fois : « Tu aurais été belle, si tu avais été blonde aux yeux bleus ! » Ah, OK, chouette, sympa... ! Maintenant, j'en ris, mais je te prie de croire que quand j'ai reçu cela, alors que j'étais adolescente, boutonneuse, portant lunettes et appareil dentaire, ça ne m'a pas du tout fait rire. Je me suis donc souvent dit que je n'étais vraiment pas « aimable » puisque même dans le regard de mon père, ce n'était pas gagné.

C'est comme cela que bien plus tard, après de belles histoires d'amour avec des garçons adorables et aimants, je suis tombée follement amoureuse du père de mes enfants qui, lui, n'était pas très tendre à mon égard. Logique, on recherche bien souvent et inconsciemment le modèle de référence...

Est-ce que le choix de rester avec ce garçon, de l'aimer énormément, puis de faire des enfants avec lui aurait été possible si j'avais eu un regard d'amour inconditionnel et surtout empli de confiance de la part de mon père ? On ne le saura jamais et c'est ainsi, mais je crois en la relation étroite entre notre éducation de petite fille et notre confiance en tant que femme adulte.

La confiance

Ce qui aura le plus reconstruit ma confiance en moi et dans les autres, c'est ma capacité à me relever face aux défis de la vie. Car cela m'a permis d'entreprendre un travail psychologique et ainsi de mieux me connaître. Connaître ses limites, ses capacités à rebondir, ses ressources, peut nous permettre d'augmenter de façon significative notre niveau de confiance en soi et d'autobienveillance. Savoir faire confiance aux autres passe par la confiance en soi, et sans confiance en soi, peu de chance de faire confiance aux autres. Mais si nous avons, un jour, la chance de tomber sur une personne bienveillante, qui réussit à mettre en lumière nos capacités, nos ressources, nos points positifs en nous motivant, en nous encourageant, en étant présente et attentive, alors notre niveau de confiance en nous peut augmenter de façon significative. Si une personne nous dit sans arrêt que nous sommes géniales, belles, intelligentes, capables de beaucoup de choses, nous finirons par la croire et l'intégrer, non ? L'intégration peut parfois mettre un peu de temps, mais c'est possible, crois-moi !

Ensuite, qui n'a pas changé son regard sur soi-même après un divorce, une séparation, une maladie, un deuil... ? Une fois la situation stabilisée et digérée émotionnellement, c'est souvent une autre femme qui apparaît ! Il faut parfois du temps, des années et de la patience pour se reconstruire, mais c'est une véritable transformation.

Un autre souvenir me revient. Je devais être adolescente quand une personne proche de ma famille a divorcé. Ce fut un divorce difficile et, pendant cette période, je me souviens qu'elle passait beaucoup de temps chez nous. Ma mère et cette femme parlaient énormément ensemble. Je me souviens de la patience de ma mère qui l'écoutait pendant des heures et essuyait ses larmes. On se sent plus forte et confiante quand on est entourée et accueillie sans jugement. En tout cas, cette femme qui était plutôt « bon chic bon genre », serre-tête, jupe bleu marine et femme au foyer, allait devenir, quelque temps après son divorce et au fur et à mesure de sa reconstruction de femme, une personne libre et indépendante financièrement, un catalogue de tatouages à elle seule, avec un look complètement personnel, rock and roll, libérée de toute entrave. Désormais, elle est vraiment elle-même. Libre.

C'est, comme tu le disais, une épreuve initiatique, et ce type d'épreuve est capable de nous transformer, de nous transcender.

La confiance en soi vient sans doute de cette capacité à laisser s'exprimer notre essence profonde et sans chaîne.

J'ai pour cela une immense admiration pour les « aventurières », ces filles qui réussissent l'exploit de partir seules pour marcher, pédaler, piloter, nager, naviguer, découvrir... là où même un groupe d'hommes ne s'y risquerait pas ! Je pense notamment à Sarah Marquis, auteure de plusieurs livres d'aventures, dont *La Nature dans ma vie*, qui raconte son amour de la nature et de la marche et y relate sa traversée à pied de la Sibérie du nord au sud, puis de l'Australie. Ses pieds l'ont portée avec son sac de 30 kilos sur 14 000 kilomètres durant trois ans !!! Waouh !

Quel courage, quelle détermination et quelle confiance en soi, en ses capacités physiques et mentales et surtout, comme tu le disais, quelle confiance en l'autre et en la nature !

De : Aurélie
À : Julie

Confiance en soi, estime de soi… Et si on parlait d'amour de soi ? N'est-ce pas finalement la clé de tout ? (Je ne reviendrai pas sur ce qui peut causer une défaillance de cet amour de soi : une grossesse mal vécue par notre mère, l'enfance, les premières relations avec les autres, nos conditionnements divers…) À bien y regarder, on se rend compte qu'il ne s'agit pas d'un thème à la mode, mais d'une quête universellement partagée. Pourtant, cet aspect indispensable nous manque souvent. Dans la vie personnelle comme dans la vie professionnelle, la confiance est ce tremplin qui nous permet de nous élancer, d'oser et d'affronter l'adversité. Ce sentiment est pourtant (et malheureusement !) aussi bancal qu'éphémère. À peine avons-nous réussi que déjà le doute (re)surgit. Mais cela vient bien évidemment de la confiance que nous accordons aux autres et, de manière plus générale, à la Vie. Certes, la construction passe par l'introspection et il est vain, et parfois toxique, d'attendre que l'extérieur nous vienne en aide. Mais si nous apprenons à nous estimer les uns les autres et à nous le dire, nous finirons tous et toutes par avoir confiance en nous.

Le chemin passe bien évidemment par l'acceptation de nos failles ; ne les regardons pas négativement, car elles sont le produit de nos expériences (et au moins on aura essayé). Utilisons-les plutôt pour nous dépasser et établir une nouvelle connexion avec nous-mêmes ! Acceptons aussi nos zones d'ombre : considérons-les comme une alerte pour avancer sur notre chemin de lumière. Pardonnons aux autres, certes (si nous le pouvons), mais surtout à nous-mêmes ! Cela permet de créer l'espace nécessaire à l'énergie d'amour et de création ! Et enfin ce dernier point sur lequel j'aimerais m'attarder : le concept de résilience, cette capacité à transformer nos traumatismes en une force positive d'amour, nous permettant de créer notre force intérieure et de rebondir. Ce terme est plus que jamais d'actualité aujourd'hui, que ce soit au niveau individuel ou collectif. Il suppose un véritable travail, mais cela en vaut la peine : certains comportements, certaines thérapies ou méthodes de développement personnel peuvent nous aider à mieux affronter les épreuves de la vie. Pour le psychiatre Boris Cyrulnik, la résilience est « une sorte de ressort invisible, de pulsion de vie, c'est l'art de naviguer dans les torrents, c'est être capable de changer de regard sur les malheurs vécus ».

La confiance est selon moi indissociable d'une dimension essentielle de notre vie intérieure : celle de la foi. Non pas celle que l'on attribue aux religions monothéistes, mais celle qui nous permet d'avancer et de progresser. Dans les spiritualités orientales, on utilise d'ailleurs indifféremment le même mot de « foi » ou de « confiance » pour désigner le même état intérieur. Et nous retrouvons ici d'ailleurs la fameuse loi de l'attraction : si nous remplaçons la peur par la foi et que nous pensons que tout ce qui nous arrive est bénéfique, nous développerons une positivité qui ne fera que nourrir cette confiance ! Plus nous verrons le côté lumineux de la vie, plus ses cadeaux arriveront ! On retrouve trois caractéristiques de cette foi/confiance dans les différentes sagesses de l'humanité : l'abandon, la quiétude et le lâcher-prise. Faisons donc de notre mieux pour tenir les rênes de notre vie et maîtriser ce qui peut l'être, mais préparons-nous aussi à accueillir l'imprévu et l'accepter en en retirant le côté positif. Et pour cela… il faut faire confiance à la vie !

J'aime cette notion utilisée au Japon de *kintsugi* : il s'agit de la jointure en or – que l'on peut voir sur les vases brisés – qui scellent à nouveau les morceaux entre eux. Ces objets, qui acquièrent une beauté nouvelle, sont encore plus émouvants qu'auparavant. Et pourquoi pas nous ? Blessées, fragiles : nous avons toutes été résilientes dans notre vie, mais belles et vivantes ! Il est important d'enseigner à nos filles à ne pas trop se soucier de plaire, ni de guetter l'approbation des autres. L'essentiel n'est-il pas d'être pleinement soi-même et non de se rendre aimable ? J'aimerais que ma fille soit cette personne sincère et consciente qui lui apportera plus de bonheur que de guetter l'approbation des autres. Trop de femmes essaient d'être « gentilles » avec des personnes qui leur nuisent, elles pensent trop aux « sentiments » de ceux qui sont en train de les blesser (et j'en ai longtemps fait partie d'ailleurs). Aidons nos filles à gagner en confiance en étant sincères, bienveillantes et courageuses. En retour, rappelons-leur qu'elles méritent la bienveillance des autres. Rien de moins.

De : Julie
À : Aurélie

La confiance provient en effet de la résilience, de l'amour et de la bienveillance envers soi-même.

Je crois également que l'union fait la force et que l'effet de groupe offre cette confiance. En effet, si, quelques générations avant la nôtre, les femmes s'étaient davantage soutenues, n'avaient pas perdu du temps à se comparer, à se toiser et à se jalouser, nous aurions, en tant que femmes, un niveau de confiance bien plus important que celui que nous ressentons encore aujourd'hui. La reliance, le fait de savoir pouvoir compter sur l'autre, sur les autres femmes surtout, pourrait se définir comme l'un des principaux socles de la valorisation de soi et la base sur laquelle la construire.

D'ailleurs les réseaux sociaux sont un excellent test pour mesurer la confiance en soi. Quand nous nous sentons en forme, certaines photos magnifiques que nous regardons au quotidien passent parfaitement et d'autres fois nous renvoient à notre condition et abîment notre reste de confiance en quelques clics. Et pourtant, on le sait bien, les filles se font prendre en photo ou se prennent en photo sous leurs meilleurs angles, avec filtres et retouches… Même si évidemment une jolie fille restera toujours une jolie fille, ce ne sera jamais complètement la réalité, la comparaison peut très vite nous ébranler.

Je ne suis pas en train de dire que lorsque notre moral est au plus bas il faut éviter de mettre le nez dans notre Smartphone – quoique… – mais c'est au prix de nous heurter – sauf si nous nous sentons tout simplement capables de ne pas nous comparer – à une réaction de notre mental parfois malveillant ! La comparaison est la pire ennemie de la confiance en soi, mais la meilleure amie de notre ego. Nous pouvons choisir de lui dire « stop » lorsque notre ego maléfique dit : « Je n'ai pas ci, je n'ai pas ça », « Elle sait mieux faire ça que moi », « Elle a un trop beau corps et pas moi »… Il est normal de ne pas ressembler à cette autre femme, puisque nous sommes UNIQUES ! Et notre différence fait de nous ces femmes merveilleuses que nous sommes. Regardons plutôt en nous ce que nous avons de meilleur et ce que nous savons faire de spécial, ce petit plus. Nous avons toutes un talent, une capacité, quelque chose qui va bien. Alors exploitons-le.

Cessons de nous autoflageller en disant : « Je n'ai pas confiance en moi », car il s'agit bien davantage d'une croyance que d'une réalité, nuance ! La façon de nous décrire et de nous définir est importante. Car nous nous retrouvons, par conséquent, en permanence à nous battre avec nous-mêmes alors que la clé est avant tout d'être bienveillantes envers nous-mêmes. Cessons aussi de vouloir répondre aux attentes des autres ou de vouloir être parfaites dans tous les domaines de notre vie, c'est impossible ! Chacune fait de son mieux et c'est déjà beaucoup. Mais nous pouvons nous dire : « J'ai confiance en moi dans tel ou tel domaine, mais je peux progresser dans tel autre si c'est vraiment important pour moi. » Ne sous-estimons pas notre force intérieure, celle qui nous pousse parfois à faire des choses dont nous ne nous imaginions pas capables.

Nous savons bien que la confiance en soi ne figure pas au rang des qualités innées ! Ce qui signifie que nous pouvons toujours améliorer notre estime de soi et notre confiance en la vie. Cela aussi, nous l'avons expérimenté tout au long de notre parcours de vie et nous le voyons encore avec les personnes que nous accompagnons au quotidien !

Oui, booster la confiance, cela s'apprend ! Heureusement, le temps qui passe nous a aussi aidées à gagner ce complément de confiance qui parfois nous a manqué quand nous étions plus jeunes.

Le manque de confiance en soi n'est pas une fatalité ! En adoptant les bonnes habitudes au quotidien, en nous exerçant et/ou en nous faisant accompagner thérapeutiquement, nous pouvons toutes renforcer jour après jour notre assurance, nous pouvons nous affirmer et oser enfin être qui nous sommes vraiment et faire ce que nous avons envie de faire, libérées de tout jugement venant de l'extérieur.

Comme nous le savons, la posture mentale que nous adoptons face à la vie dépend aussi de la posture de notre corps. Celle-ci parle souvent pour nous.

Aussi, pour vous aider à garder votre confiance en vous dans les mauvais jours, nous vous proposons de *prendre conscience de votre posture physique.*

Observez-vous : vous remarquerez sûrement que vos épaules sont en dedans, que votre bouche regarde vers le bas... Alors, ces jours-là, ces jours « sans », faites un effort pour vous tenir particulièrement droite, relevez vos épaules, dégagez votre cou et votre poitrine, souriez, portez un rouge à lèvres qui en jette, marchez d'un pas énergique et déterminé, car tout cela peut vraiment modifier votre ressenti et votre état d'esprit.

Vous créez ainsi une réponse de confiance et de bien-être dans votre corps. On peut s'aider et booster son mental simplement en changeant de petites choses dans la manière dont on se tient, beaucoup d'études scientifiques étayent cela.

Nous vous proposons aussi, afin de vous aider dans des moments où vous avez besoin de confiance, de pratiquer la méditation de l'arbre pour vous aider à vous tenir droite ; si vous avez en plus la chance de vivre proche de la nature, choisissez l'arbre que vous trouvez le plus attirant et le plus droit qui soit, asseyez-vous sur ses racines ou restez debout adossée à son tronc. Si vous vivez en ville, retrouvez dans votre mémoire un arbre de votre enfance ou de votre dernière promenade en forêt...

Placez-vous debout, les pieds de la largeur des hanches, les genoux déverrouillés, fermez les yeux et ressentez quelques instants votre souffle. Où se situe-t-il dans votre corps ?

Imaginez ensuite que vous devenez l'arbre que vous avez choisi, vous devenez pleinement lui : la droiture de son tronc, ses branches qui s'élancent vers le ciel, ses racines qui s'enfoncent interminablement dans les profondeurs de la terre.

Vous allez maintenant imaginer que la terre est pleine de ce dont vous avez besoin dans l'instant, peut-être de cette énergie de confiance, peut-être d'autre chose... Prenez le temps alors de ressentir que vos racines puisent toutes ces belles énergies nécessaires dans l'ici et maintenant, pour vous.

Et faites à présent remonter à chaque inspiration cette énergie, à travers la plante de vos pieds, le long de vos jambes, dans votre bassin, votre ventre...

Sentez que vous prenez de la force, de la confiance, et que celle-ci s'installe en vous, elle fait partie de vous...

Respirez à l'intérieur de votre ventre et faites vivre cette énergie en vous aussi longtemps que vous le souhaitez...

Puis, à l'inspire, gonflez-vous de confiance et à l'expire, diffusez cette énergie dans tout le haut de votre corps, dans chacun de vos muscles, dans chacune de vos cellules...

Vous avez désormais en vous cette confiance. Vous pouvez, si vous pensez que ce n'est pas suffisant, répéter une phrase positive, un mantra, comme : « Quoi qu'il arrive, j'ai confiance », « J'ai confiance en moi et mes capacités », « J'ai confiance en la vie »...

Rosa Parks (1913-2005)

« Elle s'est assise pour que nous puissions nous lever. Paradoxalement, son emprisonnement ouvrit les portes de notre longue marche vers la liberté », témoignera le révérend Jesse Jackson. Le 1er décembre 1955, à Montgomery, en Alabama, dans le sud profond des États-Unis, Rosa Parks, couturière de quarante-deux ans, s'est, en effet, assise dans le bus. Elle a, plus exactement, refusé de se lever pour céder sa place à un Blanc. La manière dont elle le raconte montre sa détermination et sa confiance : « D'abord, j'avais travaillé dur toute la journée. J'étais vraiment fatiguée après cette journée de travail. Mon travail, c'est de fabriquer les vêtements que portent les Blancs. Ça ne m'est pas venu comme ça à l'esprit, mais c'est ce que je voulais savoir : quand et comment pourrait-on affirmer nos droits en tant qu'êtres humains ? Ce qui s'est passé, c'est que le chauffeur m'a demandé quelque chose et que je n'ai pas eu envie de lui obéir. Il a appelé un policier et j'ai été arrêtée et emprisonnée. »

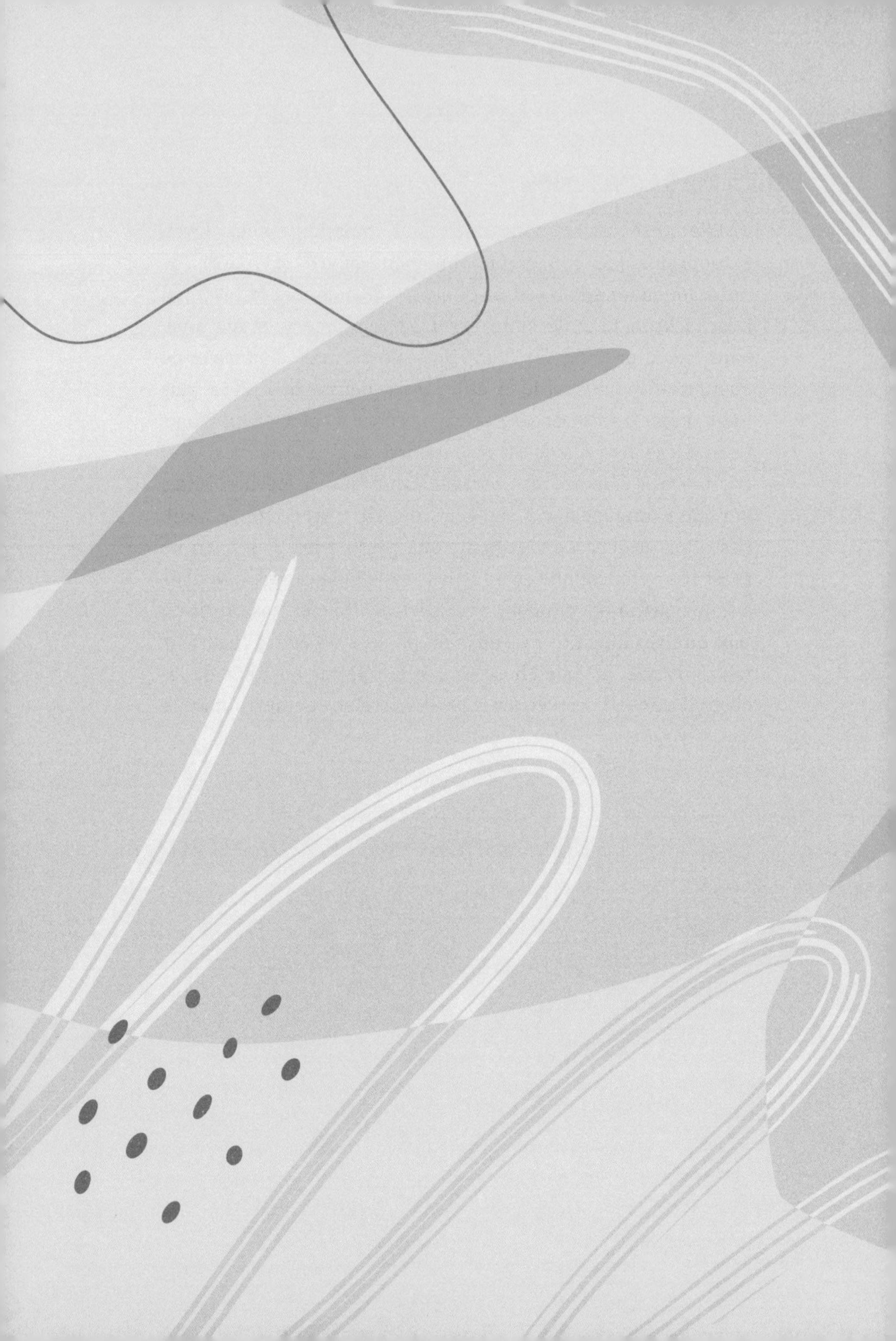

- 7 -

La féminité, le féminin, et tout et tout...

« Les femmes ne sont jamais plus fortes que lorsqu'elles s'arment de leur faiblesse. »

Marie du Deffand

« Le féminin oblige l'humanité à un changement radical. »

Annick de Souzenelle

De : Julie
À : Aurélie

Eh bien, vois-tu, voici le début d'un échange qui me fait me poser beaucoup de questions et en même temps qui me donne envie de… fredonner !

Les premières mélodies qui me viennent très vite à l'esprit ne te surprendront sûrement pas : il y a la romantique « Femmes, je vous aiiiime… » de Julien Clerc, la revendicatrice « Femme des années quatre-vingt » de Michel Sardou – qui imagine sans complexe (encore heureux !) qu'un matin il change de sexe et qu'il vit « l'étrange drame [j'hésite sur l'interprétation de ce mot « drame »] d'être une femme »… Saluons au passage le courage de l'auteur qui a lui essayé de se mettre à notre place, bel effort féministe ! Ou encore la réjouissante « Femme, femme, femme » de Serge Lama.

Ce simple mot « femme » porte en effet en lui tout un répertoire de sens, un ensemble de promesses, de contraintes, de complex… ités, de fantasmes, de zones inconnues… C'est un monde bien à lui, tellement difficile à cerner et par conséquent aussi à comprendre.

Immédiatement après me vient cette phrase, bien connue et souvent citée, de Simone de Beauvoir : « On ne naît pas femme, on le devient ! » Cette phrase si célèbre, sortie des pages du livre *Le Deuxième Sexe*, date de 1949 ; elle allait ouvrir, à la fin des années 1960, une immense brèche dans l'idéologie de la domination masculine en devenant la référence des mouvements de libération de la femme.

Mais qu'est-ce qu'une femme ? Qu'est-ce qu'être une femme aujourd'hui ?

À vrai dire, je ne sais pas bien ce qu'est être une femme, mais il me semble que bien au-delà des attributs classiques dits « féminins », il y a aussi la volonté d'être une femme, avoir envie de s'identifier comme étant femme, se sentir femme, et je dirais aussi en être fière, mais ça, c'est une autre histoire.

Être femme, pour ma part, c'est se comporter avec la volonté de l'être ou de le devenir par tous les moyens possibles, c'est aussi embrasser un sacré combat, des épreuves multiples. C'est courageux de naître fille, de l'assumer ou de vouloir le devenir.

Je suis née avec les attributs féminins, un vagin, un utérus, des ovaires et, au moment de l'adolescence, des seins ont poussé. Je pense avec émotion à ces personnes qui se battent et souffrent dans leur chair pour obtenir ces attributs alors qu'ils m'ont été, à moi qui suis née femme, juste imposés naturellement. Je n'oublie pas non plus que la référence au genre dans laquelle chaque personne a le sentiment intime de se reconnaître ne se forme qu'à l'âge de trois ans et ne s'inscrit pas forcément dans la binarité masculin-féminin.

Depuis les années 2000, les scientifiques ont compris qu'il existait une variabilité bien plus grande de profils sexuels. En France naissent chaque année environ deux cents bébés qui sont intersexués, ils portent les deux sexes, certains choisissent, d'autres ne veulent pas et souhaitent être acceptés avec cette particularité, c'est ainsi qu'ils font partie de notre communauté.

Selon le sociologue Éric Fassin, « le genre n'est pas le reflet du sexe, mais sa construction sociale ». J'ai longtemps pensé qu'être un garçon était vachement plus cool, plus sympa… D'ailleurs, adolescente, j'aimais moins traîner avec les filles, je préférais largement les conversations des garçons, leurs façons d'être, leur humour, ils étaient parfois très lourds, mais ça me faisait rire, c'étaient mes potes. Je pense que j'appréciais leur façon d'être ensemble facilement et sans chichi, de se comporter, de s'entraider, de se parler franchement, de s'embrouiller parfois, puis de se taper dans la main quelques minutes plus tard ! Je trouvais que c'était tellement plus simple d'être un garçon !

En fait, je connaissais déjà très bien les filles, j'en étais entourée depuis toujours dans ma famille et c'étaient des filles avec du caractère et indépendantes ; alors, en comparaison, les filles de mon âge ne me semblaient pas très intéressantes et elles étaient surtout bien pénibles avec leur côté jalouses et faiseuses d'histoires…

De nature curieuse, j'avais sans doute envie de découvrir ces « autres », les garçons, et ils me le rendaient bien puisque j'étais bon public, de composition joyeuse et respectée, puisque je ne couchais pas avec eux mais que je leur plaisais quand même (je m'en doutais un peu), je faisais donc partie de leur bande, c'était bon enfant et cela m'allait très bien.

Et puis le temps a passé et la première réflexion méchante et désobligeante d'un homme est arrivée. J'avais vingt-cinq ans, en superforme, j'étais fraîchement diplômée en coaching sportif et je venais d'obtenir un premier poste dans une salle de sport, je faisais naturellement de la musculation. Ce garçon dont j'étais amoureuse m'a dit un jour : « Il faut vraiment que tu arrêtes, c'est moche, on dirait un mec ! » Sur ces mots, j'aurais vraiment dû fuir, c'était un signe. Au lieu de cela, je me suis adaptée, j'ai plié, j'ai accepté. Grave erreur, mais ce n'est pas (encore) le sujet.

Est-ce que le fait d'être un peu musclée faisait de moi un homme ? Est-ce que j'étais moins femme, moins féminine, parce que j'avais les bras dessinés et les cuisses fermes ?

Et puis cette poitrine qui nous distingue visiblement – parlons-en de cette poitrine ! –, faudrait-il avoir une grosse poitrine pour se sentir féminine ? La féminité passerait-elle nécessairement pas cette caractéristique ? Nous n'en serions dès lors plus à nous définir par notre personnalité ou par ce que nous souhaitons valoriser de nous-mêmes, mais par ce que les hommes ont défini à notre place.

L'avis des hommes a été tellement valorisé depuis la nuit des temps, trop longtemps certainement, qu'il serait peut-être temps que nous redéfinissions les règles, nos règles (sans jeu de mots) – celles du genre féminin –, tout comme la façon dont nous prenons l'espace en tant que femmes dans ce monde encore un peu trop dicté par les hommes.

Comment se sentir et être femme en toute liberté ? Je trouve pour cela que la nouvelle génération, les jeunes femmes d'une vingtaine d'années, sont admirables ! Je les trouve beaucoup plus proches de leur nature profonde, de ce qu'elles sont vraiment, et elles se fichent un peu plus que les générations précédentes du regard masculin. J'espère que ce n'est pas un leurre… et que les podcasts et les livres féministes qui sortent aujourd'hui les y aideront davantage encore.

Si je devais citer le livre qui m'a finalement fait prendre conscience du féminin en tant que communauté, ce serait indiscutablement celui de Mona Chollet, *Sorcières. La puissance invaincue des femmes.* Ce fut une véritable révélation, tant cette lecture m'a brutalement fait prendre conscience du plus grand génocide et féminicide de tous les temps !

Dans cet ouvrage, Mona Chollet cherche à montrer, comment l'histoire de la chasse aux sorcières (principalement des femmes), perpétuée tout au long des siècles, de l'époque moderne à aujourd'hui, a contribué à modeler le monde que nous connaissons : la banalisation des violences physiques et psychiques faites principalement aux femmes. N'oublions pas que dans l'inconscient collectif, la femme est associée à une sorcière, comme le souligne le manifeste de WITCH (Women's International Terrorist Conspiracy from Hell, 1968) : « Inutile d'adhérer à WITCH. Si vous êtes une femme et que vous osez regarder à l'intérieur de vous-même, alors vous êtes une sorcière. »

Ayant désormais conscience de cela, que faisons-nous maintenant pour avancer ensemble, pour progresser, nous protéger, nous entraider ? C'est là en effet que la véritable notion de communauté doit prendre tout son sens, qu'il faut prendre conscience de notre propre valeur, la faire respecter, la valoriser entre ses membres. Ni plus, ni moins.

Quand allons-nous prendre conscience de notre puissance qui, unifiée, deviendra invincible ? « Invincible » ne veut pas dire destructrice, entendons-nous bien, ce n'est certainement pas asservir les hommes, leur faire du mal, loin de là. Notre différence et notre énergie sont justement là : dans la construction d'un lien fort et pérenne. Tel en est le sens. Et bienvenue aux hommes qui justement comprendront ce besoin de communauté et voudront en faire partie.

« Il suffit d'écouter les femmes », voilà ce que proclamera Simone Veil dans sa vibrante plaidoirie en faveur de la légalisation de l'avortement. Mais qui nous écoute vraiment ?

De : Aurélie
À : Julie

Quel beau sujet que celui de la féminité ! (Il me serait difficile de dire le contraire puisqu'il s'agit du cœur de mon travail depuis plus de dix ans déjà !) D'ailleurs je me suis récemment interrogée sur la naissance de cette passion (et quête) pour le féminin. Je crois que cela remonte à l'écriture de mon livre *Les Religions, le Sexe et Nous* où je me suis rendu compte que le dénominateur commun à toutes les religions (essentiellement monothéistes) était la femme. Ou plus exactement la terreur inspirée par la femme. Aujourd'hui, les questions se bousculent autour de cette conviction : la femme est dépositaire d'une pépite d'or absolument magnifique et authentique qu'il nous appartient, à chacune, de faire rayonner. Je suis fille, mère, compagne, amante, amie, et malgré mes différents livres, il m'a fallu bien du temps pour en prendre conscience, réaliser les différentes facettes et la subtilité de la condition féminine (et c'est loin d'être terminé !).

Alors bien sûr, nous avons fait des progrès : les femmes se sont battues pour défendre leurs droits contre l'inégalité et l'enfermement, subis pendant des siècles. Et pourtant sommes-nous aujourd'hui complètement libres ? Ce que tu dis – que les femmes de la nouvelle génération sont plus libres – n'est, à mon avis, pas si sûr. Je ne suis pas certaine qu'elles puissent vivre et accueillir les différentes étapes de leur existence selon leurs aspirations les plus profondes tant la pression des médias et des réseaux sociaux est puissante. Finalement, le constat reste le même : « nous » sommes déchirées entre les attentes dont nous faisons l'objet et ce que nous désirons profondément.

La grande question est de comprendre ce qui, en tant que femmes, nous appartient ou pas : quelle est la part/le poids de notre héritage ? Chaque femme porte en elle les stigmates, les mutilations de cette longue histoire du féminin. Le travail aujourd'hui est, selon moi, de guérir ce féminin afin que chacune puisse développer sa pleine puissance (non pas contre l'homme mais AVEC l'homme).

Alors bien sûr, comme le montre ton message, lorsque l'on pense à la féminité, le mot « beauté » n'est jamais loin. Mais si nous sortons d'un modèle de référence, de la tyrannie de la conformité des normes, nous nous rendrons compte que la véritable beauté, c'est de ne plus s'inquiéter des jugements qui nous sont adressés, pour nous abandonner sans crainte au regard et à l'amour de l'autre. Cultivons notre singularité et faisons-nous plaisir : soyons « belles » avant tout pour nous-mêmes ! Les images d'une beauté dite « conventionnelle » nous assaillent à travers des médias qui jouent avec notre sentiment d'insécurité, mais ne laissons surtout pas ces constructions sociales porter atteinte à notre estime, ni dévaluer notre vie ! La beauté ne répond à aucune règle, mais si nous réussissons à nous accepter, nous pouvons vivre pleinement notre beauté si singulière dans l'authenticité et, à notre tour, inspirer les autres.

La féminité, le féminin, et tout et tout…

Pour moi, rien ne résume mieux la définition de la véritable féminité que ce poème de San Levenson, lu par Audrey Hepburn, incarnation même de la beauté et de l'élégance. En voici un extrait :

« POUR AVOIR DES LÈVRES ATTIRANTES, prononcez des paroles de bonté.
POUR AVOIR DE BEAUX YEUX, regardez ce que les gens
ont de beau en eux. »

(*Time Tested Beauty Tips*, Sam Levenson, première publication en 1973 dans *In One Era and Out the Other*.)

De : Julie
À : Aurélie

Je t'écoute et je ressens beaucoup de douceur, de transmission, dans cette très belle poésie que tu nous proposes.

Et tiens, si nous parlions justement de la douceur, cette qualité tellement associée au féminin, qui nous est presque imposée par la société comme un prérequis mais qui, en y réfléchissant bien, me semble finalement tellement essentielle ?

Être douce, oui sans doute mais avec soi surtout, et d'abord avec soi, c'est cela le plus important. Car si nous ne le sommes pas avec nous, qui le sera ? La société nous a imposé l'injonction selon laquelle il fallait être douces avec les autres, avec nos enfants ; pourquoi pas, mais il me semble prioritaire, voire urgent, de nous donner de la douceur, de l'attention, d'abord à nous-mêmes, car nous en avons besoin et c'est la condition avant de commencer à penser aux autres.

Même si la douceur a pu manquer pendant toute notre enfance, il faut parvenir à l'inventer et à s'approprier cette forme de douceur bien à nous et pour nous. La douceur, ce mot si étroitement lié au féminin et à ce que l'on attend des mères et des femmes d'une manière générale.

Je trouve, par ailleurs, le mot « sororité » très doux, beau, puissant et empli également de promesses et de transmission féminine. Peut-être parce que c'est la promesse d'une paix, d'une écoute, d'une profonde tolérance entre femmes, d'une entraide, d'une raison d'avancer ensemble, d'une nouvelle force, d'un appui, d'un appui solide, d'un amour puissant. C'est lui et tous ses signifiants qui nous ont sans doute manqué durant ces siècles de divisions, de rivalité, de dominance masculine – je suis d'ailleurs à chaque fois surprise de voir que le correcteur automatique ne veut pas (lui non plus ?) du mot « sororité » – et, même si nous progressons, il va nous falloir encore sans doute nous armer d'un peu de patience et de persévérance.

Je voudrais que les femmes, toutes les femmes, prennent conscience du pouvoir que nous avons à être du même côté et à nous valoriser, que le mot « sororité » comme le mot « féminisme » ne soient pas des gros mots, que se connecter à son féminin sacré, sauvage, soit une libération infinie et apporte un immense apaisement. Lorsque nous aurons compris que les hommes ne sont pas la seule solution à notre vie, que la solidarité entre femmes est sans doute l'avenir de l'homme lui aussi, tout le monde y gagnera. Oui, tout le monde. Peut-être certains hommes se sentiront-ils libérés d'un poids, le poids des responsabilités, des injonctions qu'ils portent eux aussi, finalement, depuis si longtemps.

Je suis convaincue qu'en nous aidant entre femmes, en nous aimant profondément, nous arriverons à cet équilibre, cette égalité tant convoitée.

Je pense aujourd'hui que c'est un leurre d'imaginer que calquer nos comportements sur ceux des hommes va nous aider. Ils ont leur propre fonctionnement, qui est sans doute discutable sur certains points, comme leur façon de gérer les conflits dans le monde par des guerres, des viols..., alors surtout laissons-le-leur. Et puis, une fois que nous serons vraiment connectées à notre essence profonde, ils auront peut-être envie d'essayer eux aussi ; le dialogue, la douceur, l'écoute. Pourquoi pas ? Certains y arrivent déjà très bien.

Encore aujourd'hui, beaucoup d'hommes ont peur de ce que les filles disent et font quand elles se retrouvent. Qui n'a pas entendu ce type de remarques, qui sont des reproches à peine déguisés : « Ah ! mais t'es lesbienne ? » ou : « Je suis sûre que vous me critiquez dans mon dos, vous critiquez les hommes dans vos soirées ! » ou encore, quand elle traîne un peu trop, le même lui envoie des messages du type : « Tu es avec ton amant ? »

Quand ce type d'hommes comprendra-t-il que nous avons beaucoup plus d'imagination qu'eux, que nous retrouver entre filles est juste revigorant et nécessaire ? Quand comprendront-ils que le temps est venu pour eux de se connecter à leur part de féminin intérieur ?

Entre nous, nous parlons de tout et de rien ou de sujets plus graves, plus profonds. Nous parlons de nos difficultés de femmes, de choses que nous sommes souvent seules à porter, comme la douleur des règles, les difficultés et le chagrin de concevoir un enfant ou de le perdre, ou encore de ne pas pouvoir en porter, le ras-le-bol d'une fin de grossesse, la contraception, l'éducation, les prises de tête avec notre ado, les nuits blanches de notre petite dernière, le N + 2 qui nous harcèle au travail…, mais aussi nos dernières lectures, le dernier documentaire, la dernière trouvaille pour perdre 2 kilos, de sexe car nous avons aussi des fantasmes et des questions liées à l'intime et au plaisir, la dernière potion pour éliminer les boutons et la cellulite, l'exercice magique pour muscler les abdos, le dernier oracle de sorcière que nous tirons ensuite entre nous, le dernier rendez-vous avec un amoureux, un chamane ou une psy…

Bref, le plus important lors de ces moments entre femmes, c'est que même si nous ne vivons pas nécessairement les problématiques de notre sœur, notre amie, notre mère…, nous nous comprenons et c'est cela que nous recherchons dans ces moments entre filles, entre femmes. Nous recherchons à travers d'autres filles plus ou moins âgées la douceur et l'accueil bienveillant d'une mère, d'une sœur. Il se joue dans ces moments précieux de retrouvailles féminines quelque chose de plus grand, de plus fort, comme si derrière chacune d'entre nous se trouvait la lignée de femmes qui nous ont précédées ; elles aussi sont heureuses de se retrouver à cet instant. Nous repartons ensuite chacune de notre côté, pleines de joie, de force, de chaleur… emplies d'une sorte de pouvoir. Magique ? Peut-être.

Surtout, ne le dites pas aux hommes, mais qu'est-ce que nous pouvons également rire entre nous ! Et ces rires sont sacrés eux aussi (rassurez-vous, messieurs, si vous lisez ces lignes, nous ne rions pas (que) de vous !).

De : Aurélie
À : Julie

Je suis d'accord avec toi : la douceur est essentielle (j'y ai même consacré un livre !). C'est pour moi d'ailleurs l'unique « moyen » de nous en sortir. Et je ne suis pas la seule à le penser puisque déjà Marc Aurèle disait en son temps que « la douceur est invincible ». Et c'est juste d'évoquer, comme le dit le titre du formidable livre d'Anne Dufourmantelle, *La Puissance de la douceur*. Selon cette psychanalyste et philosophe, il s'agit « d'une force de transformation secrète prodiguant la vie, reliée à ce que les anciens appelaient justement puissance ». Elle ajoute encore : « Sans elle, aucune possibilité que la vie s'augmente dans son devenir. Je crois que la métamorphose de la vie elle-même se soutient dans la douceur. »

Ni mièvre ni passive, la douceur est au contraire une force qui se traduit en actes avec les êtres, en les comprenant, en tolérant leur faiblesse, leurs manquements aussi. Dans une époque où l'on nous demande d'être parfaites, où nos aveux de faiblesse, de fatigue, de fragilité, ne sont pas toujours bien vus, où seule la *wonder woman* est valorisée (bonjour la charge mentale !), la douceur nous enseigne *a contrario* le « métier de vivre », jour après jour, auprès de ceux qui nous entourent. Nous « oublions » trop de prendre soin de nous-mêmes et des autres, alors que la douceur est le meilleur antidote aux émotions négatives : tristesse, colère…

Cela ne veut pas dire qu'il ne faut pas s'engager, bien au contraire ! Je pense que le faire avec douceur sera d'autant plus efficace pour vivre ses valeurs et les transmettre. Il ne s'agit pas non plus d'oublier la fermeté, le respect de nous-mêmes et les limites à poser. Ce n'est pas du défaitisme, de l'inaction ou de la complaisance. Des études scientifiques parues en 2016 – dans la revue académique *Personality and Individual Differences* – montrent que cette manière d'appréhender les événements avec plus d'empathie, de compassion et d'autocompassion favoriserait une meilleure santé mentale, une plus grande résilience face aux difficultés, mais aussi une plus grande aptitude à nous remettre en question et une envie accrue de changer !

La douceur, qu'elle soit chez les femmes ou chez les hommes, est donc une richesse et une force. Elle permet de rendre notre lien à l'autre harmonieux, même si ce n'est pas toujours facile : c'est un chemin, un travail à accomplir ! Elle requiert de la disponibilité et une bienveillance totale. S'accorder du temps pour prendre soin de ses besoins, apprivoiser ses émotions, accueillir les apprentissages de la souffrance, constitue ce long processus de transformation. Là encore, la douceur est indispensable pour rejoindre cet espace de silence et de calme en nous, une attention aimante et une présence apaisée, notamment vis-à-vis de nous-mêmes.

La douceur est universelle, et c'est ce que j'aime en elle. Le phénoménologue tchèque Jan Patocka parlait du « soin de l'âme », soulignant ainsi notre interdépendance et donc notre responsabilité avec tout ce qui nous entoure.

Effectivement, elle est associée à la féminité et souvent à la maternité. Par exemple, en Inde, je le disais, le plus grand principe qui régit l'Univers est la douce déesse mère, qui donne la vie. Et en Occident également, comme le dit André Comte-Sponville dans *Petit Traité des grandes vertus*, « l'amour, pour l'individu comme pour l'espèce, commence par la mère qui est la vie, et qui est la douceur ». Pour le philosophe, « ce qu'elle a de féminin – ou qui paraît tel –, c'est un courage sans violence, une force sans dureté, un amour sans colère ».

Cette aspiration à la douceur se traduit dans notre façon de vivre au quotidien, du point de vue éthique, mais aussi esthétique. Dans les moments de doute, de difficultés qu'il nous arrive à tous de traverser, j'aime à penser que la douceur est bel et bien la meilleure porte vers notre intériorité. La transformation ne peut se produire que si les choses sont douces. Et nous pouvons incarner cette vertu dans différents niveaux de notre existence, dans le soin que nous nous apportons à nous-mêmes mais aussi, comme je l'évoquais plus haut, à l'autre. Cette philosophie morale est incarnée par l'émergence du *care* qui montre combien le soin est indissociable de la douceur. Apparue dans les années 1980 aux États-Unis, cette éthique du *care*, ou « sollicitude », correspond aussi à une approche plus douce et délicate d'autrui. Une notion que l'on retrouve notamment dans l'écoféminisme qui fait le lien entre la domination violente de la nature (surexploitation entre autres des ressources) et la domination des femmes par les hommes incarnés à merveille par l'icône altermondialiste Vandana Shiva.

Et enfin la douceur, c'est aussi la sensualité, et je pense qu'en tant que femmes, elle peut se décliner à l'infini ! La puissance charnelle est indéniable tant elle imprègne nos vies. La douceur EST caresse, élargit le champ de nos perceptions et de nos sensations. La douceur, en nous permettant de sortir de nos conditionnements, de nous livrer corps et âme en tant que femmes, doit devenir une nécessité : celle de faire ce pas de côté dans nos vies si chahutées.

J'ai envie de terminer en citant ce dialogue de film, qui à mon sens résume tout :

« Vous êtes plus fort que moi.

— Non, je crois que c'est vous la plus forte.

— Vous vous trompez, parce que vous êtes douce ; et qu'il n'existe rien de plus fort au monde que la douceur[1]. »

1. Dialogue entre le médecin Han Suyin (Jennifer Jones) et le correspondant de guerre américain Mark (William Holden), dont elle est amoureuse, dans *La Colline de l'adieu* (*Love is a Many-Splendored Thing*), film américain de Henry King, 1955.

Même si nous savons que nous devons être fières de notre corps, de notre sexe et de qui nous sommes, rappelons-nous surtout que, oui, nous pouvons nous habiller comme nous voulons, oui, nous pouvons devenir ce que nous voulons (astronaute, ingénieure et même présidente), oui, nous pouvons penser comme nous le voulons, oui, nous pouvons dire ce que nous voulons !

Comme le dit Queen B : « *Who run the world? Girls!* »

Nous pouvons nous sentir femmes et féminines à tout âge ! Alors cultivons dès maintenant l'entraide, le non-jugement, la solidarité : la SORORITÉ !

Un rituel hawaïen peut nous y aider : il s'agit du *Ho'oponopono*. Il y a quatre petites phrases à retenir de ce rituel absolument libérateur : « Je suis désolée. Je te demande pardon. Je t'aime. Merci. » La compassion, le pouvoir du pardon, l'amour, la gratitude. Tout y est. Ce rituel a un magnifique pouvoir de guérison. Afin de guérir la part de féminin en nous, malmenée par la vie. Guérir ses blessures d'aujourd'hui et d'hier, guérir ces générations de femmes avant nous qui ont souffert du poids du patriarcat ou de nos liens féminins détruits par la conséquence de la grande chasse aux sorcières, pour accéder enfin à notre libération et à notre transformation en tant que femmes sauvages, celles qui se sentent libres de faire, de dire et d'être ce qu'elles veulent !

Mais insistons davantage ici sur le « pardon », demander pardon pour mieux se pardonner soi-même, ses zones d'ombre ou ses zones blessées. Demander pardon et pardonner. Ce n'est pas forcément facile à faire, mais c'est le début d'une véritable guérison et d'une paix intérieure que nous avons expérimentées et qui nous a profondément libérées.

Demander pardon à notre corps que nous maltraitons parfois. Pardon pour toutes les fois où nous nous sommes critiquées, dévalorisées ou mises dans une situation désagréable ou même dangereuse. Demander pardon à ses petites filles intérieures et aux rêves que nous avons eus et que nous n'avons pas (encore !) honorés.

Voici donc tout d'abord un rituel de pardon symbolique, pour permettre la guérison de la mémoire :

Installez-vous au calme, confortablement et chaudement. Allumez une bougie, de l'encens si vous le souhaitez. Fermez les yeux et respirez dans le ventre quelques instants pour vous connecter à votre essence profonde. Prenez le temps de détendre votre visage, votre mâchoire, vos épaules, votre dos… jusqu'au bout de vos orteils. Puis, du bout de vos orteils, jusqu'au sommet de votre tête, laissez vous envahir par une douce sensation de chaleur apaisante et réconfortante.

Imaginez à présent une bulle de protection tout autour de vous transparente ou de couleur blanche. Et faites venir à vous, sur votre écran mental, une personne qui vous a fait du mal de quelque façon que ce soit, proposez-lui de s'asseoir en face de vous et observez-la.

Permettez-vous alors de libérer votre parole, à voix haute, de lui dire tout ce que vous avez envie de lui dire mais que vous n'avez pas pu à l'époque, sur le moment. Que cette personne soit encore en vie ou non, cela peut être à votre enfant intérieur, faites-vous confiance. Et terminez par : « Je te pardonne. »

Vous pouvez procéder de la même manière avec une personne que vous avez le sentiment d'avoir offensée et à qui vous avez besoin de demander pardon. Cela fait un bien fou. Une fois que vous avez le sentiment d'avoir dit tout ce que vous aviez besoin d'exprimer, posez vos mains sur votre cœur, remerciez-vous pour ce que vous venez de faire, pour votre courage et, sur une grande inspiration, levez vos mains au ciel, étirez-vous, bâillez, soupirez et ouvrez les yeux. Pensez à boire beaucoup d'eau ensuite, à manger léger et à vous coucher tôt.

Rituel à effectuer autant de fois que vous le souhaitez, avec les personnes avec qui vous désirez être en PAIX !

Nous vous proposons aussi un rituel pour vous connecter à votre féminin grâce aux figures symboliques.

Installez-vous confortablement, loin des agitations extérieures. Fermez les yeux, placez-vous mentalement dans une bulle de protection, en imaginant une bulle de savon souple mais suffisamment solide de la couleur de votre choix, perméable au positif mais imperméable au négatif.

Demandez-vous alors quel est votre besoin du moment. Besoin d'indépendance, d'authenticité, de courage, de créativité, d'espoir, de compassion, d'amour inconditionnel… ? Prenez le temps de le ressentir et de le formuler.

Puis faites venir à vous, sur votre écran mental, l'archétype de la femme qui vous inspire l'énergie dont vous avez besoin en ce moment et dont vous cherchez à la fois l'inspiration et la protection. Cela peut être Marie-Madeleine, la Vierge Marie, Jeanne d'Arc, Brigid, Isis, Miriam, Tara… Suivant vos croyances ou ce que vous avez découvert récemment dans un livre autour du féminin sacré… Ces archétypes féminins et puissants sont nombreux. Mais il peut s'agir aussi, pourquoi pas, de femmes bien réelles, fortes et inspirantes et qui sont un modèle pour vous à cet instant.

Puis rendez-vous mentalement dans votre lieu refuge, cela peut être une petite habitation au milieu de la forêt, en haut d'une montagne ou sur une plage de sable doux et chaud. Quelles que soient la forme ou l'espace de cet endroit, vous savez que vous pouvez vous y reposer en toute sécurité. C'est un endroit où vous pouvez vous retirer lorsque c'est nécessaire pour vous ressourcer, pour méditer ou pour reprendre contact avec votre vous profond. Cela peut être un endroit que vous connaissez ou venant du fruit de votre imagination mais dont vous êtes la seule détentrice de la clé.

Progressivement, vous vous laissez envahir par le calme et la quiétude. Quelqu'un frappe à la porte. Vous allez ouvrir pour découvrir la figure symbolique qui se trouve juste derrière. Vous la faites entrer, vous la saluez et vous l'observez. Comment est-elle ? Quelle est son attitude ? Comment est-elle habillée ? Quel message veut-elle vous transmettre à propos de votre vie intérieure ? Avez-vous une question à lui poser ? Si oui, allez-y, elle est là pour cela, faites-vous confiance. Et recevez la réponse sous forme de mots, de sensations, de couleurs… Cette figure symbolique est là pour vous guider, vous conseiller, vous accompagner sur votre chemin actuel et vous reconnecter à votre identité profonde.

Une fois votre échange terminé, remerciez-la et laissez-la partir. À présent, prenez quelques respirations profondes et appréciez encore quelques instants votre lieu refuge. Puis revenez aux sensations de votre corps dans l'instant. Étirez-vous, bâillez et, sur une grande inspiration, ouvrez les yeux. Prenez votre cahier de méditation et écrivez ou dessinez ce que vous venez de vivre, la rencontre symbolique, féminine et merveilleuse que vous venez de faire.

Marilyn Monroe (1926-1962)

Nous aimons cette femme, profondément. Attachante, complexe, celle qu'une partie de la profession méprisait en raison de son apparente légèreté était en réalité une artiste accomplie, férue de littérature, amie de Truman Capote, mariée à Arthur Miller et poète à ses heures perdues (lisez ses *Fragments* !). Marilyn Monroe était avant tout une actrice et une femme extrêmement moderne, assumant son incendiaire sensualité tout en refusant d'y être cantonnée.

En ce sens, il nous semble qu'elle a complètement changé l'image de la femme à l'écran en combinant une extrême sensualité et une innocence enfantine, un magnétisme animal et une douceur maternelle… Une vraie révolution !

- 8 -
La sensualité, la sexualité : notre désir

« J'aime, j'aime tes yeux, j'aime ton odeur, tous tes gestes en douceur, lentement dirigés, sensualité… »

Axelle Red

De : Julie
À : Aurélie

Le droit au plaisir et à une sexualité épanouie dépend surtout d'un héritage et d'une transmission de femme à femme, comme le rappelle si justement la docteure Danièle Flaumenbaum dans son célèbre et indispensable ouvrage *Femme désirée, femme désirante*. Elle y précise que « les petites filles doivent pouvoir grandir en sachant aussi que la sexualité qu'elles vivront quand elles seront grandes leur donnera beaucoup de plaisir et de forces ». Françoise Dolto, dans *La Sexualité féminine*, raconte que « si la mère est elle-même narcissisée d'être femme et heureuse d'avoir une fille, tout est en ordre pour l'enfant, pour qu'elle investisse sa féminité et son sexe de façon positive » ; cela signifie que si la femme investit pleinement son désir en tant que femme tout en étant mère, elle montrera à sa fille le chemin de l'épanouissement sexuel.

La place de la sexualité dans la vie doit être sacrée et belle. Son expression est encore plus simple pour une femme si elle n'a jamais été confrontée à des expériences traumatisantes qui l'auraient abîmée, ce qui lui permet d'aborder cet acte comme quelque chose de beau et naturel.

C'est mon cas fort heureusement. Il n'y a pas d'histoire d'inceste, de viol dans ma lignée maternelle, en tout cas pas à ma connaissance. J'ai conscience que les filles qui ont été maltraitées sexuellement dans leur prime enfance ou même plus tard peuvent avoir un rapport particulier à leur corps et au rapport sexuel, mais cela n'est pas irréversible.

Je vais parler ici d'une sexualité que je connais et dont je maîtrise mieux l'approche, je vais parler simplement de la sexualité, de son côté agréable et non comme quelque chose de sale et/ou de nécessaire.

J'ai également eu la chance, j'en ai conscience, d'avoir eu une mère qui répondait à mes questions sur la sexualité avec simplicité, sans gêne et sans rougir, et j'ai pris le relais avec mes enfants. S'il arrive que je ne sache pas répondre ou que je ne sache pas comment aborder un sujet en particulier, ce qui peut être le lot de chacune d'entre nous, je sais que des livres sur ce thème adaptés à leur âge existent, et je peux même en lire avec eux s'ils me le demandent. Cela me permet ainsi d'apprendre ou de progresser avec eux. Il n'y a donc pas de crainte à recevoir des interrogations, il n'y aurait que les limites que l'on se fixe à y répondre.

Ma mère n'a pas attendu que ma première relation sexuelle arrive pour m'en parler. Quand je suis partie en colonie de vacances l'année de mes seize ans, elle savait que potentiellement quelque chose pouvait arriver… Elle ne s'est pas voilé la face, elle y est allée franchement en mettant une boîte de préservatifs dans ma valise (qui n'a pas servi, mais je savais qu'elle était là !), et c'est ce qui a fait la différence. Elle avait aussi pris le soin de me montrer comment l'utiliser sur une banane qui traînait dans la cuisine. Je me souviens que j'avais trouvé cela rassurant, car ainsi j'étais informée, je ne partais pas vierge (!) de toute connaissance, je ne partais pas non plus sans savoir ce qui pouvait éventuellement arriver si les choses se précisaient, si je me sentais prête et si (surtout) j'avais envie de découvrir « la chose » avec un garçon.

Après tout, il n'y a rien de honteux ni de sale dans le sexe. Surtout si on en parle simplement et avec un peu d'anticipation. Comme parler aussi de consentement, de contraception, de risque de grossesse, de MST...

Quand nous avons une fille, pourquoi parler des règles, des seins qui poussent, des poils qui apparaissent, du vagin, de l'utérus, du clitoris, etc., serait un problème, si la ou les questions nous sont posées ? Nous connaissons, puisque nous avons le même corps ; alors pourquoi le cacher et faire de ces sujets des tabous ? Et il en va de même pour nos fils ! Mon fils sait ce que sont les règles, les tampons. Cela ne veut pas dire qu'il faut s'exposer, mais simplement ne pas cacher les choses comme si c'était sale ou honteux. Je pense que c'est important qu'il sache ce que c'est qu'une fille, une femme, et qu'il ne découvre pas cela à quarante ans !

Car même s'il ne vit pas dans sa propre chair les sensations physiques que ressent une femme tout au long de sa vie – il ne le saura jamais malheureusement – , il y sera confronté avec les femmes de sa vie, alors autant le préparer et faciliter la tâche à ces femmes qui n'auront ainsi pas tout le travail à faire !

La sexualité ne se limite pas non plus au sexe et aux rapports sexuels. On parle aussi des caresses, des baisers, des pensées, des mots, des fantasmes, des sentiments, de la masturbation, pratique autoérotique de découverte de soi, de son vagin, de la zone qui l'entoure et de son clitoris, cet organe du plaisir si longtemps et injustement ignoré car en partie caché... Combien de femmes ignorent encore qu'elles ont, entre les jambes, un petit gland magique appelé « clitoris » – et nommé depuis trop peu de temps dans les manuels scolaires – qui mène tout droit au septième ciel ?!

En même temps, il faut avoir conscience d'où nous venons ; j'ai découvert un livre d'Anne Cluzat, *Les Mystères de la femme*, datant de 1961, dont le chapitre sur la masturbation s'intitule : « Ce dont on n'ose parler ». Elle écrit : « Au cours des générations passées, on a cru que les mauvaises habitudes, autant chez les enfants que les adolescents, pouvaient nuire à leur santé physique et morale. Parents et éducateurs se sont acharnés de bonne foi à les combattre… La tentation de céder à la masturbation ne disparaît pas pour autant, mais chaque faiblesse de la volonté était alors entourée et suivie de tant de craintes, de tant de remords, de tant de menaces, que bien des jeunes gens ou jeunes filles ont passé des années à souffrir secrètement d'une angoisse et se sont moralement torturés pour avoir cédé à la tentation. »

Dire que tout cela n'est pas si loin derrière nous… Ce tabou autour du sexe, du plaisir et de la masturbation.

Il est presque hallucinant de lire les mots « combattre », « menace », « angoisse », « torture », « craintes »… pour parler de la masturbation ! Heureusement que mai 1968 est passé par là et a permis un dépoussiérage de ces vieilles croyances.

En effet, le clitoris et le pénis sont deux versions différentes d'un même organe. Le gland, chez l'homme comme chez la femme, contient plus de huit mille terminaisons nerveuses, mais le gland du clitoris est nettement plus sensible que le gland du pénis car les terminaisons nerveuses sont rassemblées sur une zone beaucoup plus petite et leur concentration est cinquante fois plus élevée ! Alors imaginons le potentiel ! La sexualité n'existe pas seulement dans une relation à deux, elle peut être excitante, vibrante et vivante en soi indépendamment de la relation à l'autre. Elle peut se faire seule et être satisfaisante. Le plaisir solitaire est une affaire sérieuse.

D'où l'importance également de l'autoexploration visuelle (aller regarder notre intimité avec un miroir) et kinesthésique (par les autocaresses). Car qui mieux que nous-mêmes peut connaître notre corps et sa façon de réagir aux caresses, à ce que nous aimons ou pas, à ce qui fonctionne pour nous et pour mieux guider notre partenaire ? Comme le souligne encore si justement la docteur Danièle Flaumenbaum : « Tant qu'un sexe de femme n'est pas informé de sa fonction de plaisir, il ne sait pas être vivant. Ce n'est pas la capacité à faire des enfants qui apprend à faire l'amour. »

De : Aurélie
À : Julie

Effectivement, la sexualité et le plaisir des femmes ont été tabous pendant longtemps et ils le sont malheureusement encore dans certaines régions du monde ou dans certaines traditions.

Je m'étais aperçue, en écrivant *Les Religions, le Sexe et Nous*, que la plupart des doctrines religieuses condamnent avec la plus grande fermeté la sexualité vécue en dehors du lien sacré du mariage et portent un regard négatif sur la femme, considérée comme inférieure à l'homme, impure à cause de ses règles mensuelles et source de tentations diaboliques. Il faut dire que ces préjugés sont souvent ceux des sociétés patriarcales au sein desquelles les grandes religions historiques se sont développées.

Ce n'est d'ailleurs pas un hasard si les femmes ont presque toujours été placées à l'écart des écritures et des textes canoniques, mais aussi de leur transmission. Les religions étant pensées presque uniquement par des individus mâles, elles font souvent des femmes un objet de sentiments des plus contradictoires : les mêmes textes chantent leur douceur, leur virginité ou leur maternité, mais n'hésitent pas à les associer aux figures de la tentation, de la décadence, du Mal. Le thème de « la femme insatiable » se retrouve d'ailleurs dans nombre de récits des différentes traditions et suscite d'intarissables angoisses : celles d'une jouissance qui ne se règle pas sur le modèle phallique, ne laissant pas toujours la maîtrise de l'érotisme aux hommes. Nous devons nous-mêmes nous libérer de notre propre héritage dans ce domaine : encore récemment, la sexualité féminine a été associée à la honte. On apprécie qu'une femme soit « sexy », mais attention à ce qu'elle ne soit pas trop sexuelle ! Prenons garde à ne pas transmettre cette honte à nos filles ! Ne plus jamais juxtaposer la sexualité et/ou la nudité avec la honte. Il s'agit de la même chose concernant nos règles. Pourquoi est-ce si tabou ?

Nous savons combien le plaisir est complexe et fragile, et combien une expérience sexuelle traumatisante peut entraîner, chez les femmes, de nombreux troubles dont la frigidité. Il faut quelquefois se mettre à l'écoute des fantômes, des batailles intérieures qui peuvent nous empêcher de découvrir l'extase. Mais écoutons cette voix pleine de sagesse de la psychanalyste

Catherine Bensaïd dans son livre *Libre d'être femme* : « La femme a la libre jouissance de son corps : il lui appartient. Même si des souvenirs font écran, des aigles noirs troublent le sommeil, le plaisir est toujours à découvrir. Le véritable plaisir est celui d'un corps qui se donne et s'abandonne : une confiance retrouvée dans un autre aimant et aimé, pour être un jour "purifiée de tout", ainsi que le dit Barbara : en cohérence avec son désir, en complicité avec la vie. »

Et enfin, souvenons-nous que le plaisir n'a pas d'âge : Françoise Dolto, dans *Sexualité féminine*, que tu citais, y confiait aussi n'avoir jamais été aussi heureuse qu'après la ménopause. Qu'en penses-tu, Julie ? Nous avons encore quelques beaux jours devant nous !

De : Julie
À : Aurélie

Mais j'espère bien !

Les vieux mythes selon lesquels sexualité rimerait avec jeunesse sont complètement faux, certaines femmes prétendent même que la jouissance est meilleure après soixante ans et je veux bien les croire ! J'y vois une explication immédiate : il y a sans doute moins cet enjeu de performance lié à la jeunesse, il y a autre chose.

Brigitte Lahaie, quelques années après ses soixante ans mais surtout figure de l'âge d'or du cinéma X, à l'affiche d'une centaine de films dans les années 1970 et 1980, reconnaît d'ailleurs que « lorsqu'il y a une vraie intimité amoureuse, des couples peuvent ressentir une jouissance autre, en effet plus lente, plus profonde. Plus dans la communication que dans l'excitation ».

J'ai à ce sujet une anecdote incroyable et réjouissante à te raconter, c'est d'ailleurs l'une des rencontres émouvantes que j'ai pu faire dans une petite salle de sport. Une dame de quatre-vingt-cinq ans est un jour venue s'inscrire pour, disait-elle, s'entraîner. Je suis restée assez dubitative sur le moment et amusée par ce petit bout de femme tellement déterminée. Et en effet, elle venait consciencieusement chaque jour effectuer ses vingt minutes de rameur et sa musculation. Elle était drôle et j'aimais parler avec elle. Un jour, elle m'a avoué qu'elle avait un nouvel amoureux, « un p'tit jeune de soixante-quinze ans », rencontré grâce à un site de rencontres pour seniors : « C'est vachement bien ce truc-là ! » me dit-elle avec un clin d'œil, en ajoutant : « Avec lui, c'est incroyable, j'ai découvert que je pouvais avoir des orgasmes ! » Elle me raconta également qu'elle avait été mariée trente ans avec un homme charmant, mort cinq ans plus tôt mais qui ne la faisait pas jouir.

N'est-ce pas merveilleux de découvrir la jouissance ? Le plus tôt est le mieux, mais il n'est jamais trop tard…

Finalement, la responsabilité pèse autant sur le choix de son partenaire que sur la confiance que l'on a en soi-même quant à sa propre capacité à avoir du désir et du plaisir. Et si nous avons la chance d'être en bonne santé, j'ajouterai que la jeunesse, c'est pour beaucoup une question d'état d'esprit.

Confiance, état d'esprit… Sachant tout cela désormais, mesdames, il ne nous reste plus qu'à JOUIR de tout ce que la vie peut nous offrir !

Je terminerai avec ce que dit le *Kamasutra*, ce texte très ancien écrit au IVe siècle composé de sept livres, dont le but est de montrer que pour vivre heureux, il faut un équilibre entre le *dharma* (la vertu), l'*artha* (le bien-être matériel) et le *kama* (l'amour et le plaisir).

En mettant la notion d'érotisme et de plaisir au centre de tout ce que l'on fait, on atteint, pour les Hindous, le *moksha*, qui est le détachement et l'éveil spirituel. C'est l'art de vivre une grande vie. C'est aussi l'un des plus beaux textes non religieux sur la beauté de la vie.

Comme l'a très bien dit Marc Restellini, président de la Pinacothèque de Paris, lors de l'exposition *Kamasutra* d'octobre 2014 à janvier 2015 : « Le Dieu chrétien est amour, le Dieu indien fait l'amour. » Prenons-en de la graine et libérons-nous des injonctions et des jugements d'un autre temps, chers aux religions monothéistes et patriarcales.

De : Aurélie
À : Julie

Il y a quelque chose d'intéressant à explorer selon moi : c'est le pouvoir guérisseur de la sexualité. N'oublions pas que l'énergie sexuelle est tellement puissante qu'elle favorise la santé physique et émotionnelle (sans compter qu'elle peut contribuer à notre développement spirituel !).

Alors que nous faisons l'amour, notre énergie vitale bouillonne, jusqu'à ce que l'orgasme, cette explosion énergétique, nous submerge en envahissant l'ensemble de notre être.

D'après les maîtres taoïstes, l'énergie vitale se nourrit de différentes manières, notamment par la production d'énergie sexuelle appelée *jing*. Selon deux auteurs du « tantrisme taoïste », Mieke et Stephaan Wik, « le chi naît de la tension entre le yin et le yang, le féminin et le masculin, le doux et le dur, l'expansion et la contraction... Pour les taoïstes, le chi sexuel est directement lié à l'énergie cosmique. Il s'agit de la même force créatrice. En renouvelant notre énergie sexuelle, nous nous relions à l'énorme réserve d'énergie de l'Univers, et cette force peut contribuer à notre développement physique, émotionnel et spirituel ». Comme le souligne le philosophe Alexandre Jollien, « nous sommes les passeurs d'une force, d'une énergie qui nous dépasse de loin. Tout notre défi est de ne pas tomber dans la volonté de puissance, dans l'instrumentalisation ».

Je trouve que ces considérations peuvent nous permettre de renouveler notre regard et de comprendre que « l'industrie du sexe » que l'on nous vend à outrance aujourd'hui (et qui incite à une sexualité bien souvent mécanisée et superficielle) ne correspond pas à nos besoins biologiques (ni à notre développement hormonal d'ailleurs...). Pendant longtemps, le plaisir n'a pas été reconnu comme facteur fondamental d'identité. Ce qui est assez incroyable quand on sait que nous avons tous un besoin identitaire qui passe par l'affection et le contact physique avant le besoin de se nourrir (qui peut d'ailleurs, et ce n'est pas anodin, entraîner un sentiment positif de nous-mêmes). La sexualité passe donc par une bonne connaissance de soi, de l'autre, de son corps. Cela demande du temps, de la complicité, de la patience..., mais quelle belle aventure !

Là encore, je crois que la clé réside dans la confiance : en nous sentant libres de nos désirs et de nos pulsions, en phase avec notre corps. Ressenti, liberté intérieure et regard positif posé sur soi…, autant d'ingrédients indispensables, me semble-t-il, à une sexualité épanouie, et à tout âge !

Et, surtout, n'oublions pas que, aussi agréable soit-il, l'orgasme n'est pas une fin en soi. C'est une manifestation physique, mais il est possible de ressentir énormément de plaisir sans y accéder. Dans l'imaginaire collectif, il correspond à une sorte de feu d'artifice, le sommet de la sexualité, pourtant chacune a son rythme… D'une femme à l'autre, d'un rapport à l'autre, de circonstances à d'autres, l'excitation est plus ou moins intense et rapide. C'est tout à fait normal et c'est le charme de la sexualité de n'être jamais « ni tout à fait la même, ni tout à fait une autre », comme le dit si bien Paul Verlaine !

Enfin, quels que soient notre corps et notre âge, nous pouvons être des femmes désirées et désirantes ! J'aimerais dire à ma fille que la sexualité peut être vécue magnifiquement, mais qu'il existe des « répercussions » physiques et/ou psychologiques. Faire l'amour est un acte très beau, mais pas anodin. Je dirais même que c'est un acte sacré et notre corps en est le temple. J'aimerais, sans être son « amie », être la mère à qui elle peut parler de tout, de sexualité, d'amour… Et je sais que là aussi il faudra lui donner les mots ET qu'elle sache bien qu'aimer n'est pas seulement offrir mais également recevoir. Oublions cette capacité d'abnégation qui nous caractérise si souvent !

Pour pouvoir ressentir du désir, il faut se libérer de toutes les contraintes mentales, pensées parasites et stress. Rien de mieux pour cela que de pratiquer, comme nous le faisons chacune à notre façon, la méditation, la sophrologie, la relaxation, mais aussi le Pilates, le yoga, la marche, la danse, le sport en général, car ces techniques nous permettent d'être dans l'instant, dans les sensations de notre corps et dans cette première fonction vitale et antistress qu'est la respiration !

En fait, écouter notre corps revient à écouter nos émotions, nos sensations, et à conscientiser en nous le dialogue corps/esprit. Celui-ci nous permet de tisser un réel et solide lien entre eux et il vous permettra de découvrir, à votre tour, vos potentiels endormis, vos envies, vos limites à respecter et à faire respecter.

Sinon, connaissez-vous la forme, le dessin de vos lèvres… du bas ? Avez-vous déjà pris une glace pour regarder de plus près votre vulve, votre *yoni* (le mot sanscrit pour parler du sexe féminin) ? Nous vous encourageons à tenter l'expérience d'aller voir votre sexe de plus près, de l'explorer avec vos doigts, de reconnaître sa forme, sa couleur… Et de situer précisément toute son anatomie. Nous vous proposons ici deux conseils et deux exercices d'éveil à la sensualité, le premier à faire seule, le second à explorer à deux.

Le premier conseil est de travailler le plus souvent sur un swiss ball plutôt que sur une chaise, qui tasse le dos et empêche le bassin de bouger librement.

Assise face à votre ordinateur ou votre table, les pieds posés à plat, de la largeur des hanches, balancez le bassin d'avant en arrière, de gauche à droite, effectuez des cercles dans un sens, dans l'autre ou dans le signe de l'infini.

Prenez conscience de ces mouvements qui détendent les raideurs dans le bas du dos. Ces mouvements permettent d'équilibrer le deuxième chakra, afin de retrouver un équilibre sexuel, sensuel, et d'éprouver en profondeur le plaisir.

Le second conseil est d'expérimenter cette méditation avec les rituels ci-dessous.

Rituel à faire seule

- Asseyez-vous dans la position la plus confortable pour vous.
- Installez la respiration dans votre ventre et observez-la, sans jugement ni *a priori*.
- Portez ensuite attention, doucement, tranquillement, au niveau du bas de votre colonne vertébrale et particulièrement votre périnée (la zone située entre votre vagin et votre anus).
- Ressentez dans cet endroit comme les battements de votre cœur, des pulsations, des vibrations. C'est l'énergie, la puissance que vous portez en vous et qui se diffuse à présent dans tout votre bassin et descend dans vos jambes jusqu'à la plante de vos pieds.
- À présent, vous pouvez ressentir la terre en dessous de vos pieds, vous pouvez la sentir respirer et vibrer elle aussi.
- Sentez l'énergie de la terre remonter le long de vos jambes et nourrir votre pubis, votre périnée (le muscle du plaisir), votre vagin, votre utérus, tout votre bassin…
- Observez les sensations qui se réveillent, appréciez et respirez en conscience et laissez venir à vous des images, peut-être des fantasmes, des souvenirs sexuels agréables…

- Appréciez ce moment et quand vous aurez la sensation d'avoir suffisamment nourri votre zone de sensualité, vous pourrez vous étirer, bâiller et bouger afin d'en faire bénéficier votre corps tout entier. Notez vos sensations positives dans un cahier prévu à cet effet.

Rituel à deux : afin d'entrer dans l'intimité érotique avec votre partenaire, mettez les énergies sexuelles en contact et faites monter le désir : regardez-vous une minute par jour dans les yeux, enlacez-vous cœur contre cœur, sexe contre sexe, respirez ensemble au minimum 30 secondes par jour.

Régine Deforges (1935-2014)

Elle a quinze ans quand on lui dérobe son journal intime dans lequel elle notait ses pensées et l'amour qu'elle éprouvait pour une fille de son âge ; cela provoque un scandale et elle est renvoyée de son institution, elle doit brûler ses autres cahiers. Sa vie entière va tourner autour des livres. Elle deviendra libraire, éditrice, scénariste, réalisatrice et auteure d'une quarantaine de livres. Femme libre, insoumise et connue pour ses engagements féministes, elle publiera bon nombre d'ouvrages qui seront interdits. Nous lui devons sans doute l'amour de la lecture grâce à *La Bicyclette bleue* que nous avons dévorée à l'adolescence, avec sa part d'érotisme, de sensualité et d'aventures (avec Léa, son héroïne).

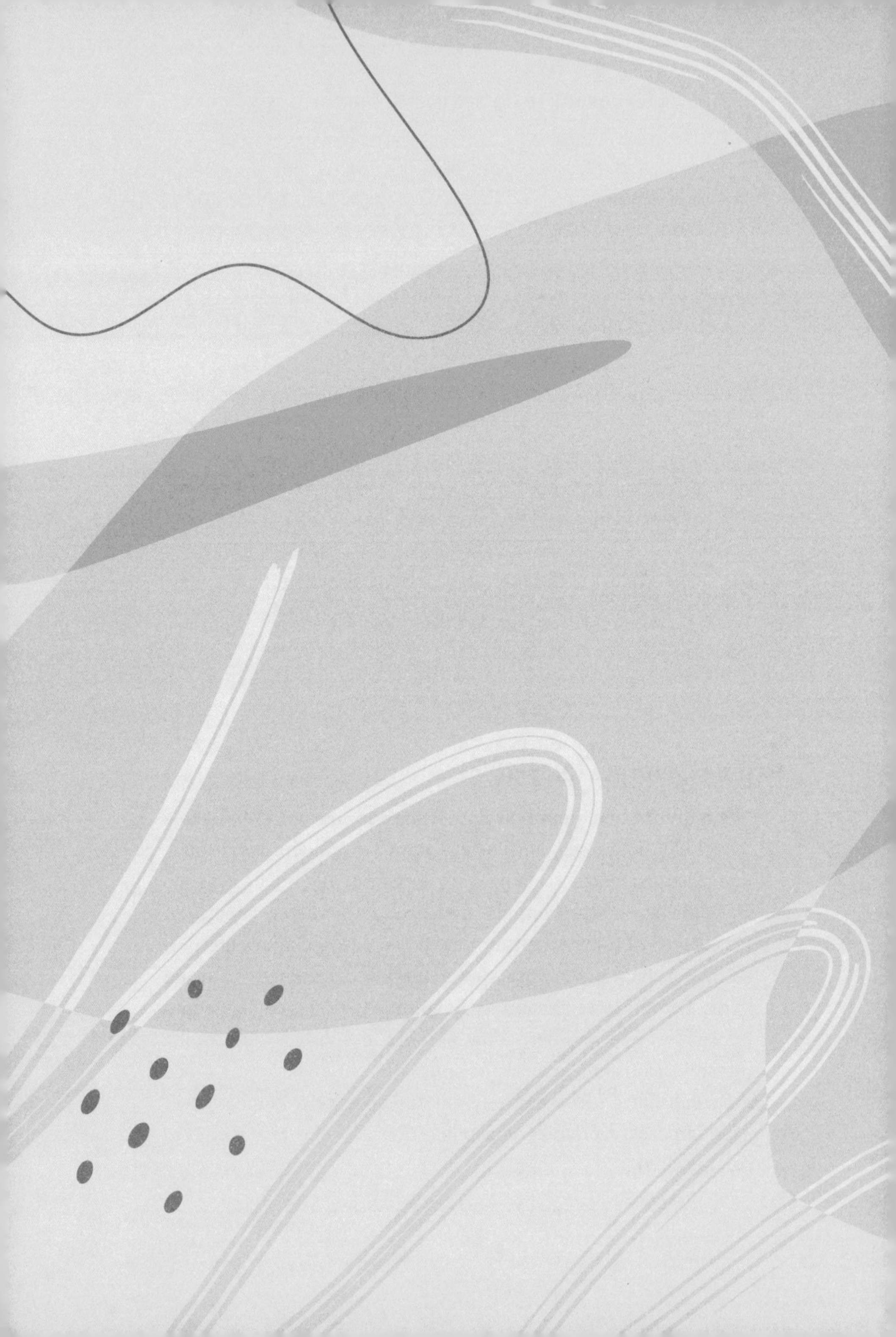

- 9 -
Bien s'entourer

« Celui qui, dans vos relations, au lieu de vous donner de bons conseils vous refroidira sur vos affections légitimes et sur vos devoirs, ne mérite ni votre amitié ni votre estime. »

Félicité DE GENLIS

De : Aurélie
À : Julie

Les fêtes approchent et son lot de questionnements aussi. Étant donné la conjonction actuelle, je ne te cache pas que cela amène un certain nombre de questions, tant je pense que préserver notre énergie est important. Ces derniers temps, j'ai pris conscience de l'importance de la manière dont nous devons nous entourer, de ce que l'on appelle les énergies « hautes » et les énergies « basses ». Il m'a fallu du temps pour comprendre, accepter surtout qu'il ne fallait pas maintenir à tout prix des relations avec des personnes, par « fidélité » à un passé par définition révolu. Je pense concrètement à des amitiés d'enfance ou à des membres de ma famille. Ce n'est pas toujours évident de s'autoriser, sans culpabiliser, à choisir de continuer à voir ou de ne plus voir certaines personnes. En ce qui me concerne, le critère est désormais très simple : cette personne me fait-elle du bien ? J'ai le sentiment d'être de plus en plus sensible à l'énergie des autres, il s'agit donc de maîtriser à la fois ce que l'on diffuse et ce que l'on reçoit.

Cela m'est souvent arrivé d'accepter des déjeuners ou des verres à répétition pour remonter le moral d'un proche, mais j'ai compris aussi qu'il ne fallait jamais sous-évaluer l'énergie que l'on dépense pour les « reconstruire ». Je peux paraître aujourd'hui plus égoïste, mais je préfère avoir une qualité d'être et de présence plus importante pour ceux que je chéris (et que je choisis !), plutôt que de me disperser de manière futile auprès de personnes avec qui je ne suis finalement plus en accord. J'avoue avoir fait pas mal de « ménage » dans mon entourage ces derniers temps, et ce n'est pas toujours évident, car il s'agit d'une forme de deuils (surtout lorsque l'on connaît ces personnes depuis longtemps), mais il faut savoir l'entreprendre si l'on se rend compte que l'on ne partage plus les mêmes valeurs, les mêmes projets, les gens changent… et les relations aussi ! Je pense qu'il est important de simplifier le cercle d'amis en conservant uniquement ceux qui apportent de la valeur à notre vie et savoir distinguer les amitiés superficielles (fondées sur un bénéfice à court terme) des amitiés réelles, et de savoir reconnaître les personnes qui souhaitent que nous allions bien… mais pas trop non plus !

J'imagine que tu connais le reiki (qui signifie « la force de l'esprit » en japonais). Cette pratique illustre parfaitement, selon moi, ce mécanisme : il part du principe qu'en mêlant, dans sa pratique, une forme de méditation et la pression des mains sur des points du corps, on peut réharmoniser l'énergie, la liaison entre le corps et l'esprit. C'est exactement la même chose avec les personnes qui nous entourent : un état vibratoire plus élevé aide à nous sentir bien et à produire de meilleures choses dans notre vie. On le sait désormais, l'énergie est contagieuse (et ne ment pas) ! Cela t'est sûrement arrivé, en rencontrant quelqu'un, de sentir d'emblée que quelque chose « clochait », comme une mauvaise vibration que tu ne parviens pas à identifier immédiatement, mais la suite te donne en général raison. L'inverse est vrai : me trouver à proximité de personnes positives me permet de changer d'état émotionnel, elles m'aident à transférer mon attention sur quelque chose qui élève ma vibration.

L'idée est donc de prendre conscience des personnalités qui nous régénèrent et celles qui nous exténuent. Il est important de construire des relations riches et durables avec des gens positifs ; peu à peu, nous renvoyons leurs vibrations. Car n'oublions pas cette loi : nous attirons les personnes qui vibrent à la même fréquence que nous ! Soyons attentives à nos sensations, car ces échanges sont importants : ils anticipent souvent ce que nous créons, ce que nous faisons dans notre vie par la suite. L'idée n'est pas de « sauver » l'autre, mais de l'inspirer pour qu'il trouve ses propres outils et sa propre source d'énergie. Pour que notre relation avec nos proches soit harmonieuse, je pense qu'il faut nous souvenir de l'importance du lâcher-prise, de la prise de recul, de l'accueil (comme souvent !) de l'instant présent, mais aussi de l'importance de connaître nos propres émotions et, enfin, de comprendre l'enseignement de la relation : ce qu'elle met en lumière en nous et ce sur quoi elle nous fait travailler...

De : Julie
À : Aurélie

Tu me parles du reiki, ça ne pouvait pas me faire plus plaisir, car figure-toi que j'ai passé tous les degrés de reiki. Très tôt, j'ai été convaincue par cette pratique de soin et d'autotraitement, énergétique, relaxante, de bien-être, mais qui est aussi, en effet, une véritable philosophie de vie. Elle m'a toujours beaucoup apporté au fil du temps et de sa mise en œuvre.

Car le reiki enseigne l'état de transparence et le non-agir ; l'ego et la volonté n'y ont pas leur place. Il apprend à être simplement et inconditionnellement au service de l'énergie universelle. Rien d'autre, et cela requiert beaucoup d'humilité.

Il nous accompagne aussi vers un monde intérieur plus vaste, plus sain(t). Il repose pour ce faire sur cinq principes importants et tous issus des enseignements de Mikao Usui (celui qui les a mis en pratique au XIXe siècle suite à une révélation mystique) :

- Juste aujourd'hui, reste calme et serein.
- Juste aujourd'hui, garde confiance en la vie.
- Juste aujourd'hui, honore tes aînés, tes parents, tes amis.
- Juste aujourd'hui, vis honnêtement et travaille à mieux te connaître.
- Juste aujourd'hui, sois bon envers tout et tous.

Ce sont finalement des phrases parfaites pour un mieux « vivre ensemble », un plus grand respect des autres. Si l'autre est mon miroir, je dois respecter ses pensées avant tout pour moi-même. Être bien avec soi, c'est être mieux avec les autres. Cela implique une meilleure qualité de relation avec les autres, une relation vraie, une relation d'échange, sans déséquilibre.

Il m'est arrivé de devoir mettre de la distance avec une personne que j'aimais bien, car je me suis aperçue que je ne servais qu'à l'écouter ; je ne suis pas loin de penser qu'elle me confondait avec sa thérapeute. C'est le seul véritable inconvénient de mon métier de thérapeute psychocorporelle, car je suis dans l'écoute et dans l'empathie totales quand je suis face à une personne que j'apprécie beaucoup. Mais à cette période de ma vie, je n'allais pas très bien et je n'arrivais pas à mettre clairement une limite. Je l'écoutais mais je m'épuisais, car il n'y avait pas d'échange, je n'étais qu'écoute et elle ne m'écoutait pas. Déséquilibre. Quand j'allais la voir, ce n'était plus un plaisir mais un devoir. Et ça, en amitié, ce n'est pas possible ! Pour moi, l'amitié doit être joyeuse, légère, sincère, entière et équilibrée et dans l'échange, sinon à quoi bon ?

Au travail, en amour, comme en amitié, fuyons les relations « toxiques » ! Oprah Winfrey, qualifiée de « femme la plus influente du monde » en 2020 par l'*American Spectator*, prodigue le conseil suivant : « Entourez-vous uniquement de gens qui vont vous amener plus haut ! » S'il n'y a plus de plaisir à voir une personne, pourquoi continuer ? S'il y a même un mal-être à fréquenter telle personne, pourquoi continuer à la voir ou à rester avec elle ? C'est sans doute la même chose dans le milieu professionnel, car bien s'entourer dans ce cadre-là est tout aussi essentiel. Nous passons souvent plus de temps au travail qu'avec notre famille. Avec le télétravail, tout cela a un peu évolué, mais une personne toxique, quel que soit le cadre, reste toxique. Qu'en penses-tu, Aurélie ? As-tu déjà ressenti ce type de malaise ?

De : Aurélie
À : Julie

Je suis entièrement d'accord avec toi, à une nuance près : il est plus facile de « bien » s'entourer en amitié, car nous choisissons nos amis, alors qu'au travail et même en famille, ce n'est pas toujours évident. L'idée ici est peut-être de voir comment se préserver au maximum. Car la toxicité peut prendre différents visages : jaloux, paranos, harceleurs… Nombreux sont les profils de ceux qui « persécutent » leur conjoint, leurs collègues, leurs amis… Mais ce sont souvent des narcisses qui asphyxient et vampirisent leur entourage. Alors c'est vrai que ce terme de « toxique » (qui n'est pas, rappelons-le, psychiatrique) a envahi le langage courant ; on le retrouve partout. Parlons plutôt de situation ou de comportement toxiques. Comment les reconnaître ? Ils sont nocifs dès lors qu'ils s'opposent à un rapport constructif et sain. Plus que l'expression d'une petite insatisfaction, il s'agit d'un processus qui s'inscrit dans la durée, en « éteignant » la prise de conscience de celui qui en souffre.

Il y aurait beaucoup de choses à dire sur le sujet, mais une étude a attiré mon attention, car je pense qu'elle peut parler à beaucoup d'entre nous : celles qui ont réussi à survivre à un parent violent et/ou manipulateur courent plus de dangers que d'autres de retomber dans leur vie adulte sur une personne perverse. Et si nous avons été confrontées très jeunes à la perversion, nous risquons de mieux « supporter » les sombres pulsions des personnes que nous rencontrons, notamment de notre partenaire.

Il y a celles qui s'en sortent en mettant à distance les maltraitances subies pendant l'enfance. D'autres se montreront très indulgentes, mais si cette tolérance et leur incapacité à condamner peuvent être salvatrices dans les premières années, elles deviennent un problème chez l'adulte qui devient bien souvent le « saint-bernard » des personnes dysfonctionnantes, car comme on dit souvent : « Il est normal d'aimer ce que l'on connaît » (eh oui ! toujours cette fameuse zone de confort !).

Radar brouillé, « alarme défaillante », difficulté à mettre des frontières entre ce qui est acceptable ou pas : nombreux sont les signaux ! Malheureusement, pour beaucoup, la toxicité n'est pas un corps étranger, si bien que lorsqu'on la rencontre à nouveau, le rejet n'est pas si violent ni si rapide que ce qu'il faudrait. Si les failles sont bel et bien là lorsque le « chaos » a longtemps été la norme, nous pouvons toutes y échapper. Le tout est de ne pas en sortir trop épuisées, après avoir essayé des années, en vain, de vouloir arranger les choses et de sauver ce qui ne pouvait l'être.

De : Julie
À : Aurélie

Il est certain que réussir à bien s'entourer, notamment de bienveillance, nécessite un travail de fond important. Ce n'est pas naturel pour tout le monde et savoir se faire aider est un saut que beaucoup gagneraient à faire. Je pense à l'importance d'un travail thérapeutique quel qu'il soit. Identifier une thérapie qui convienne à soi-même, avec un·e thérapeute qui donne envie de creuser en soi et de se pacifier, est un gage de progrès sur le chemin de la vie.

Ainsi, en allant chercher nos parts d'ombre pour mieux les comprendre et les appréhender – nous l'ignorons *a priori* mais nous attirons bien souvent à nous des profils de personnes et des situations liés à notre histoire personnelle –, nous arrivons à prendre conscience de nos mécanismes quotidiens. Je parle ici de notre « enfant intérieur », toutes ces petites filles à l'intérieur de nous, jeunes et moins jeunes, qui ont vécu un traumatisme et qui restent en nous comme des fantômes en recherche de réconfort, d'explication ou de réparation. Pour expliquer cette notion d'enfant intérieur, j'aime utiliser des poupées gigognes ou matriochkas, ces poupées placées les unes à l'intérieur des autres, car c'est exactement ce que nous avons en nous, des petites filles qui ont des souffrances, des blessures que nous devons et pouvons réparer. Écouter de façon dynamique et soigner les blessures, les souffrances de notre/nos enfant(s) intérieur(s), tel est l'enjeu pour ne plus revivre inlassablement ces blessures intérieures en lien avec celles de notre enfance. Tant que la leçon n'est pas apprise et intégrée, l'histoire se répète sans mesure mais sous une autre forme, pour nous tester, nous questionner, mais aussi pour nous faire avancer sur le chemin de la sérénité.

Quand nous pensons, par exemple, qu'après avoir rompu avec un harceleur physique, nous en sommes définitivement débarrassées, c'est sous la forme d'un·e collègue de travail que le souci de harcèlement revient, mais cette fois sous forme morale. Que s'est-il passé dans mon enfance pour que j'attire ce genre de personne ?

Travailler sur le sujet avec un·e thérapeute psychocorporelle est souvent efficace, et si cela ne suffit pas, suivre en parallèle une psychothérapie. Ou bien faire par exemple les protocoles 5 et 6 de recouvrement d'âme proposés par Natacha Calestrémé (qui avait eu la gentillesse d'accepter mon invitation pour un « Loin mais ensemble » durant le premier confinement du printemps 2020 pour évoquer son livre et ses protocoles libérateurs) dans son merveilleux ouvrage : *La Clé de votre énergie*. En effet, selon elle, la perte d'énergie après un choc émotionnel s'exprime sous la forme d'un épuisement ou d'une maladie, mais peut également se manifester sous la forme d'une emprise psychologique. Natacha Calestrémé affirme également que la partie d'âme qui s'est extraite des personnes qui ont subi un harcèlement, une manipulation, une perversion, n'est pas à l'extérieur de notre corps, mais a été prise par le manipulateur. C'est un vol !

Une fois le travail intérieur amorcé, une fois que nous avons appris qui nous sommes et quelles sont nos limites, nos besoins, nos envies, l'âme reprend sa place… Il ne tient plus qu'à nous d'exiger *a minima* un non-jugement et de la bienveillance de la part des personnes qui nous entourent. Sinon, si ce n'est pas le cas, il faut accepter de mettre de la distance, sans culpabiliser, avec les personnes, qu'elles soient de notre famille ou non.

Si nous sommes harcelées verbalement par une personne qui nous « cherche », posons-nous à chaque fois la question suivante avant de vouloir répondre ou argumenter : « Est-ce que je veux avoir raison ou être libre ? » Ainsi nous acceptons ou non de répondre, au risque d'envenimer les choses inutilement et de perdre de l'énergie à parler avec quelqu'un qui n'écoutera de toute façon pas notre réponse ou notre point de vue. Se dire ensuite : « C'est OK », car ce n'est pas de la lâcheté mais souvent une question de bon sens.

Bien s'entourer

Nous vous conseillons vivement de créer votre bulle et de bien vous entourer ! Notre énergie à toutes est précieuse, ne la gaspillons pas. Alors prenez soin de vous ! La solution vient de nous et de notre manière de conduire les relations avec notre entourage.

Nous pouvons les empêcher d'envahir notre esprit, de nous étouffer ou de nous rendre malheureuses si nous le voulons. Cela ne dépend que de nous ! Alors ne culpabilisez pas de vouloir mettre de la distance avec les personnes que vous sentez nocives à votre équilibre énergétique et mental.

Mais si, pour commencer, nous transformions d'abord nos propres démons intérieurs (peur, colère, tristesse...) afin d'en faire de véritables alliés, car ce que nous combattons ne fait que s'amplifier et se renforcer.

Le mot « démon » vient du grec ancien *daimôn* qui signifiait à l'origine « guide spirituel » ; ça vaut le coup de l'avoir de son côté ! Nous vous livrons ici une méditation inspirée du protocole proposé par Tsultrim Allione dans son livre *Nourrir ses démons, pour mieux les combattre.*

1 **Cherchez le démon en vous.** Allumez une bougie, invoquez vos guides pour le bon déroulement de cette visualisation. Asseyez-vous confortablement et placez une autre chaise devant vous. Prenez quelques respirations conscientes et ressentez votre intention positive sur le bon déroulé de cette expérience. Observez le mouvement de votre respiration, effectuez un scan corporel, en détendant tous les muscles de votre corps progressivement du sommet de votre tête jusqu'au bout de vos orteils afin de lâcher toutes les tensions et de vous ancrer dans votre corps. Prenez le

temps d'effectuer quelques respirations en conscience. Observez à présent où se situe votre peur, l'émotion, le sentiment négatif sur lesquelles vous voulez travailler.

Que ressentez-vous ?

2 **Laissez venir à vous l'image de votre « démon » intérieur.** Cela peut être un être, un animal, une forme, une couleur, un son ou une atmosphère… Laissez venir calmement ce qui doit venir. Imaginez à présent cette « chose » assise en face de vous. Posez-lui à présent ces trois questions : « Que veux-tu de moi ? De quoi as-tu besoin ? Comment te sentiras-tu lorsque tu recevras ce dont tu as vraiment besoin ? »

À présent, glissez-vous dans la peau de votre démon.

Asseyez-vous sur la chaise en face de vous et prenez sa forme, sa couleur, sa densité et répondez aux questions. Cela peut venir sous forme d'une image, un ressenti ou de mots. Répondez à haute voix.

3 **Retournez à votre place et regardez le démon en face de vous.** Visualisez, ressentez que votre corps se transforme en une immense boule de nectar nourricier, rempli de ce dont votre démon a besoin. Invitez-le à s'en nourrir. Observez le changement dans sa forme, son attitude. Demandez-lui s'il s'agit d'un guide spirituel qui veut enfin devenir votre allié.

Vous pouvez, si vous le souhaitez, prendre de nouveau sa place sur la chaise pour ressentir de l'intérieur ce changement. Comment ce guide compte-t-il vous aider à partir de maintenant ?

4 Reprenez votre place. Prenez conscience de ce qui vient de se passer et reposez-vous.

Vous pouvez pratiquer ce protocole seule ou accompagnée de votre thérapeute. Une seule fois suffira peut-être ou, si nécessaire, faites l'exercice tous les jours pendant plusieurs jours.

Gabrielle Chasnel dite Coco Chanel (1883-1971)

Personnalité à part, tant elle a été associée à l'élégance « à la française » tout en ayant des origines très modestes, Coco Chanel a traversé le XXe siècle en imposant un style qui a fait d'elle « la reine du genre pauvre », la faute sans doute à sa volonté de brouiller les pistes en s'appuyant sur ses talents de couturière hérités de sa mère et sur son envie féroce de réussir. Souvent influencée par ses liaisons masculines (son flacon de N° 5 lui aurait été inspiré par la flasque de vodka du grand-duc Dimitri Pavlovitch), avec des fréquentations pas toujours honorables mais soutenues en haut lieu (notamment par Churchill), elle s'est aussi toujours entourée d'un cercle d'amis artistes envers lesquels elle se montrait généreuse. On dit d'elle qu'elle a su exploiter les hommes pour œuvrer à l'émancipation des femmes. Elle a toujours défendu le caractère artisanal de son activité : « La mode n'est pas un art, c'est un métier », affirmait-elle, soucieuse de faire descendre la mode dans la rue, celle dont elle venait, finalement.

- 10 -

Transmettre

« La transmission, c'est cette attention portée à un autre qui fait qu'en lui surgit le meilleur de lui-même. »

Christiane SINGER

De : Aurélie
À : Julie

J'avais très envie de te parler aujourd'hui d'un sujet qui me tient particulièrement à cœur : celui de la transmission, que l'on ait des enfants ou pas (la transmission peut s'opérer de manières tellement différentes !). En ce qui me concerne, elle s'incarne à travers mon métier de journaliste et d'écrivaine, mais aussi et surtout à travers ma relation avec ma fille. Je trouve qu'il y a une urgence morale à imaginer ensemble une éducation différente afin de créer un monde plus juste pour les femmes et les hommes.

Nous transmettons bien évidemment des connaissances (j'ai envie de dire la culture de manière plus générale), mais aussi et surtout un certain savoir-être. Que l'enfant ne soit pas que dans le « savoir-faire ».

Je pense que l'on ne considère plus les enfants aujourd'hui comme ceux des générations précédentes, la preuve en est avec ces ateliers de philo/méditation créés par mon ami Frédéric Lenoir à travers sa fondation « Seve » pour les élèves de maternelle et de primaire. Enfin, on leur apprend à penser et à s'exprimer sur leur vision de la vie dès leur plus jeune âge !

Il y a certes la stimulation de l'intelligence de l'enfant, mais pas seulement. J'aimerais transmettre à ma fille certaines valeurs et vertus qui lui permettront de mener une vie « bonne et juste », selon les termes des philosophes de l'Antiquité. Selon Aristote, cette vertu est l'exacte « juste mesure » entre les extrêmes qui peuvent nous nuire. Il en retient quatre principales : la prudence, la tempérance, le courage et la justice (ce que l'on appelle aussi les « vertus cardinales »). Ce sont des vertus qui peuvent s'acquérir dès le plus jeune âge et s'affiner au cours de l'existence. Toutes les traditions philosophiques et spirituelles nous montrent que ces vertus sont là en nous, comme des graines enfouies dans la terre, mais qu'elles ont besoin des autres éléments comme l'eau et la lumière pour s'épanouir. J'imagine que c'est ce que nous devons être pour nos enfants. Une phrase populaire bien résume cela : « Donner des racines et des ailes. » Voilà qui me parle. Même si ce n'est pas toujours évident : nombreux sont ceux qui se permettent de donner des conseils sur la façon d'éduquer un enfant sans être eux-mêmes confrontés à l'immense complexité de cette tâche !

La transmission se traduit aussi par des actes : chaque défi qu'une femme remporte constitue un don pour les générations futures. Notre héritage, notre mémoire..., voilà aussi ce que nous renvoyons. Mais j'insiste vraiment sur la pluralité des formes de la « transmission », surtout concernant les femmes. Cassons les stéréotypes : une femme n'a pas à être « intellectuelle » ou « frivole ». Elle n'a pas à entrer dans des cases, accepter d'être étiquetée et, surtout, elle peut être « plurielle », sans obéir à aucune injonction. Je crois qu'outre les qualités évoquées plus haut, le plus beau cadeau que j'aimerais offrir à ma fille est celui de la liberté. Liberté de penser, d'oser, de créer, d'aimer... J'ajoute qu'il me semble également important de ne pas imposer les carcans des rôles de genres aux jeunes enfants. Ils nous conditionnent tellement ! Nous en oublions nos besoins et nos désirs véritables. Apprécions leurs qualités et leurs faiblesses comme celles d'un individu. Oublions les comparaisons : je ne veux pas comparer ma fille à ce qu'une femme devrait être, mais bien à ce qu'elle doit être en faisant son possible et en donnant le meilleur d'elle-même. Toi aussi tu as des enfants, Julie, qu'essaies-tu de leur transmettre ?

De : Julie
À : Aurélie

Ce mot, « transmission », est riche de sens, j'y entends personnellement le devoir de mémoire, le don de soi, de ses connaissances et d'amour. C'est une forme d'héritage pour celui qui le reçoit.

En souhaitant avoir des enfants, j'ai souhaité cette transmission. Leur transmettre ce que l'on m'a donné, ce que l'on m'a appris, mais aussi ce que j'ai appris seule. C'est finalement toute cette nourriture affective, émotionnelle et intellectuelle dont nous avons hérité de nos parents et que nous avons alimentée avec notre expérience de vie que nous voulons transmettre à ceux qui nous suivent.

Je pense par ailleurs qu'il n'y a pas de transmission positive sans amour. Comme le souligne Céline Alvarez, autrice de *Les Lois naturelles de l'enfant*, « nous savons aujourd'hui sans l'ombre d'un doute que l'empathie, la bienveillance, l'attitude chaleureuse de l'adulte envers les enfants, mais également l'attitude chaleureuse entre les enfants, catalyse de manière extraordinaire le développement cérébral ».

Je me souviens par exemple des repas avec ma grand-mère maternelle qui me racontait ses années sous l'occupation allemande en Lorraine, ses émotions, souvenirs vivaces de petite fille qui a grandi avec ses frères et sa mère sous les bombes, la peur des Allemands, la faim et la souffrance d'un père mort trop jeune. Toutes ces histoires resteront à jamais gravées dans ma mémoire et je les raconte à mon tour à mes enfants. En hommage à ma grand-mère, je me dois de transmettre ces souvenirs-là.

Ce mode de transmission est beaucoup plus vivant, mais pas moins important, qu'un livre d'histoire. Tout comme ma grand-mère paternelle qui me racontait avec beaucoup de nostalgie et de soleil dans son « accent de là-bas » la saveur des oranges qu'elle allait cueillir dans son jardin en Algérie dans ses jeunes années.

Simone Veil (que ma grand-mère maternelle, toujours elle, admirait énormément) l'a très bien dit dans son discours de réception à l'Académie française en 2005, dans lequel elle soulignait l'importance de transmettre la mémoire : « Puissent nos rires résonner en vous comme notre peine immense. Notre héritage est là, entre vos mains, dans votre réflexion et dans votre cœur, dans votre intelligence et votre sensibilité. Il vous appartient que la vigilance ne soit pas un vain mot, un appel qui résonne dans le vide de consciences endormies. »

Je suis convaincue que la transmission ne se fait pas uniquement de parents à enfants. Le monde tout entier compte dans cette transmission, toute l'Histoire qui nous a précédées nous constitue et fait de nous ce que nous sommes. Je crois en la valeur de l'autre. Je crois en la valeur d'un esprit critique mais ouvert. Je crois en la curiosité : ne surtout pas rester dans son petit monde, il est tellement vaste, ce serait dommage.

C'est pour cela que j'ai rêvé d'emmener mes enfants à Paris, pour qu'ils aient une ouverture d'esprit aussi grande que possible, vers tous les possibles, y compris vers la culture que je pense essentielle pour comprendre le monde. J'encourage souvent mes enfants à ne pas être des moutons, à être libres, à avoir un libre arbitre, à travailler et à choisir un métier qu'ils aimeront vraiment, à penser par eux-mêmes, à faire leurs propres expériences. La vie est longue et on en apprend tous les jours, de ses réussites, de ses défaites, sur soi comme sur les autres d'ailleurs. Je pense aussi à la transmission que nous recevons de nos enfants et de cette génération qui nous suit.

Qu'en penses-tu ?

De : Aurélie
À : Julie

Oui, je suis bien d'accord qu'il existe un devoir de mémoire essentiel dans la transmission. Comme nos échanges portent en grande partie sur le féminin, et que cet aspect de la société me passionne, j'aimerais prendre en exemple la chasse aux sorcières qui a décimé l'Europe essentiellement au XVIe siècle (et qui s'est poursuivie de manière différente par la suite...). Il s'agit d'un véritable féminicide et je suis très émue lorsque je pense à ces femmes pionnières, éprises de liberté, de connaissance... que l'on a torturées et tuées sans raison objective. Je me dis que ce sont nos ancêtres, qu'elles se sont battues pour nous, pour notre reconnaissance, nos droits, nos envies. C'est sûrement pour cette raison que j'ai écrit plusieurs livres sur ce sujet et que j'ai souhaité créer un podcast qui leur soit dédié (« Sorcières ! » sur le site de l'Inrees). C'est aussi dans ce but que je viens d'acheter la première BD pour enfants consacrée à l'histoire de ces pionnières pour l'offrir à ma fille et continuer progressivement à lui raconter ce que nous avons hérité de ces femmes. J'essaie de le faire d'une autre manière, par « l'expérience » : je l'ai initiée aux cycles lunaires, solaires, aux cycles des saisons, mais aussi aux cérémonies liées à la roue de l'année. En effet, les saisons qui se succèdent au cours des mois symbolisent les différentes étapes de la vie. Ce cycle alterne la naissance, la croissance, le déclin progressif, la mort puis la renaissance. Ces passages, ces moments de changement de saison, sont souvent associés au divin. Tout comme c'est le cas avec le calendrier lunaire. Par exemple, lors de chaque nouvelle lune, nous prenons avec ma fille un petit temps de recueillement, nous écrivons nos intentions, nous méditons. Et je suis heureuse que ce moment de partage soit autant attendu par elle que par moi.

Ce qui me touche dans la transmission, c'est son caractère universel : nul besoin d'être mère, nous pouvons toutes partager un élan créateur, qu'il soit spirituel (voire mystique), artistique et/ou guérisseur. N'oublions pas que le premier recueil de textes féministes publié en juillet 1970 s'intitulait *Libération des femmes année zéro*. Il s'agit là aussi d'un travail de transmission à mon sens, pour continuer et nourrir ce combat. Cela passe par les textes oubliés, les films, l'art… toute une culture de « femmes » que l'on ne nous a malheureusement pas enseignée à l'école. C'est pourtant celle-ci qui doit pouvoir créer des filiations hors des généalogies familiales et patriarcales. À nous de dépasser le clivage biologique et spirituel pour transmettre ces valeurs féminines, de manière collective et spirituelle !

D'ailleurs, et c'est peut-être une « déformation professionnelle », il me semble essentiel d'apprendre à nos enfants à aimer les livres, il n'y a pas mieux pour comprendre et se questionner sur le monde, apprendre à s'exprimer… Autobiographies, romans ou livres historiques : les compétences et l'ouverture d'esprit apportées par la lecture sont irremplaçables ! Et lire, c'est aussi questionner les mots. Combien de fois m'arrive-t-il à titre personnel d'être affligée par le mauvais usage de certains termes, la manière dont ceux-ci sont (mal) employés ! Chaque mot a une valeur et doit être pesé, c'est trop précieux. Ils sont bien souvent le réceptacle de nos préjugés et de nos croyances. Nous avons une grande part de responsabilité dans cela, en questionnant notre propre langage. Les mots peuvent faire autant de mal que les « coups » physiques, ils peuvent aussi aider ou guérir. Ce que nous disons à nos enfants compte, chaque mot recèle une puissance infinie, c'est ce qui leur enseigne la valeur qu'ils attacheront ensuite aux choses. Transmettons-leur le respect de notre jolie langue, faisons-en un usage avisé !

De : Julie
À : Aurélie

Étrangement, je ne lis en ce moment que des livres ou des bandes dessinées écrites par des femmes. Est-ce l'époque qui veut cela ? Découvrir des œuvres artistiques créées par des femmes est à la fois stimulant et inspirant. J'ai envie et besoin de m'imprégner d'elles, peut-être pour découvrir toutes leurs facettes, mieux reconnaître la diversité de leurs talents, de leurs pays et de leurs cultures.

Transmettre

Tu as raison, nous avons été trop longtemps abreuvées de masculin sous toutes ses formes, partout, tout le temps. C'est une véritable émulation que de pouvoir renouveler mes références grâce à elles, jeunes et moins jeunes. Une de celles que j'explore en ce moment est la merveilleuse Laure Adler, je l'admire tant. Quelle femme !

J'aime aussi en ce moment lire et écouter des femmes qui pourraient être mes grands-mères, j'ai la sensation ainsi de les retrouver par instants, elles qui sont parties trop tôt, et de pouvoir terminer à travers les pensées et les écrits de ces femmes plus âgées que moi leur devoir de transmission.

Néanmoins, il existe probablement de nombreux modes de transmission et ils ne sont pas nécessairement descendants. La transmission s'organise évidemment dans la relation que nous développons avec nos enfants, mais elle peut aussi se faire dans l'autre sens.

J'apprends beaucoup de mes enfants. En les observant, je progresse, ils me forcent à évoluer et je révèle d'autres facettes de moi-même, c'est fabuleux. Ma fille par exemple a un aplomb étonnant quand elle veut quelque chose, je la trouve épatante tant j'ai mis d'années à travailler sur la confiance en moi. Elle m'oblige à me sublimer.

Et puis nous développons ensemble une panoplie de connexions. La transmission se fait alors par la complicité, par le rire, par le jeu, en dansant, en chantant, en lisant une histoire ensemble, en regardant un film que j'aimais regarder petite, comme *Peau d'âne* avec Catherine Deneuve, par exemple, ou rire ensemble devant les films de Louis de Funès… Ce sont des accélérateurs de transmission, un passage de souvenirs.

Un soir, allant l'embrasser pour lui souhaiter une bonne nuit, elle me dit : « Installe-toi, maman, je vais te faire une séance de méditation. » Très surprise, je me suis exécutée. Et de sa voix douce et en empruntant le bon ton, elle m'a fait une séance de relaxation et de visualisation. Je suis restée bouche bée. La relève est assurée, tout va bien ! La maman sophrologue que je suis était fière d'elle et de ce que je lui avais transmis bien malgré moi. Elle me le rendait à son tour. C'est grâce à elle et à cette séance que j'ai eu l'idée de proposer des séances pour les enfants sur Instagram.

Elle m'a poussée à la performance, à la créativité, à l'amélioration de mes propres pratiques. S'agirait-il d'une inversion du sens de transmission ?

Grâce à mes différents métiers, j'ai le sentiment d'être également dans la transmission et pour mon plus grand plaisir. Non plus dans une logique de filiation mais en m'adressant à bien plus de personnes, en transmettant mon savoir. Apprendre à nager à plusieurs centaines d'enfants quand j'étais maître-nageur a été une immense gratification, j'ai aimé les voir progresser et avancer dans l'eau à la fin des séances comme autant de petits poissons ; les savoir plus en sécurité était ma grande fierté.

Quand je coache des femmes, j'aime leur faire prendre conscience de leur corps, de leurs capacités, de leurs ressources. Quand mon fils fait des pompes, qu'il se sert dans mes affaires et m'emprunte mes élastiques, mes haltères pour faire une séance de « muscu », il y a là, je le sais, un effet de transmission par mimétisme.

Quand je fais des séances de sophro-analyse avec mes clientes, j'aime écouter leur histoire, leurs doutes, leurs forces, leurs fragilités… Elles me touchent. J'apprends de leur courage, de leurs colères, de leurs détresses et elles me transmettent un peu d'elles-mêmes à chaque fois. Si elles savaient à quel point elles sont admirables !

À chaque fois, j'espère de tout cœur avoir transmis des choses utiles au bien-être des personnes qui me suivent, et notamment récemment pendant les périodes de confinement avec les séances quotidiennes de sophro-méditation sur Zoom et Instagram.

Nous transmettons finalement aux autres beaucoup plus souvent qu'on ne le pense. Nous apprenons tous les jours, de tout et de tout le monde. Ouvrons les yeux et écoutons, c'est souvent très riche, passionnant. La transmission, c'est l'essence même de la vie. Il y a une forme de générosité dans la transmission qui me plaît.

Nous sommes des êtres de transmission, et nous le faisons toutes deux par nos échanges et ce livre. La transmission est au cœur de notre existence, de notre humanité. Au travail, à l'école, dans des rituels collectifs, qu'ils soient laïcs ou religieux, etc., nous transmettons un savoir, une compétence, une pensée, une sagesse, etc.

Tout au long de notre vie, nous échangeons des regards, des paroles, nous tissons des liens – qui, pour certains, transformeront notre vie. Nous voyons, nous observons, nous écoutons, nous parlons, nous apprenons. Nous sommes des passeurs d'expériences, des bâtisseurs de ponts qui relient le passé, le présent et l'avenir.

Avec la générosité du cœur et de l'esprit : TRANSMETTONS.

Pour vous y aider, nous vous proposons des petits exercices pour vous permettre de prendre conscience, d'apprécier et de partager les bienfaits de la transmission. Vous n'êtes absolument pas obligée de tout faire en une fois et tout de suite, vous pouvez très bien lire les propositions, prendre le temps d'y réfléchir et y revenir ensuite.

1 Posez-vous quelques instants afin que vous reviennent en mémoire les transmissions que vous avez reçues et qui vous ont le plus marquées :

- de parents, du cercle familial ;
- puis les transmissions venant de professeurs, mentors ;
- ensuite de personnes proches comme des amis avec lesquelles vous avez vécu une belle histoire ;
- enfin, de ce que vous avez reçu de vos lectures, de figures inspirantes, d'écrivain·e·s.

Quoi qu'il en soit, après avoir écrit dans un cahier le nom de ces personnes, prenez un temps d'introspection pour les remercier intérieurement pour ce qu'elles vous ont apporté. La gratitude est un exercice très important et salvateur.

2 Ensuite, notez ce que vous aimeriez transmettre à :

- vos enfants, neveux ou filleuls ;
- votre amoureux, amoureuse ;
- vos ami·e·s ou personnes proches ;

- vos client·e·s ou élèves,

et remerciez-les aussi d'accueillir ce que vous avez à donner, à transmettre.

3 Écrivez pour finir ce que vous aimeriez laisser comme trace de votre passage sur Terre, ce que vous aimeriez que l'on dise de vous le jour où vous serez passée de l'autre côté.

Maria Montessori (1870-1952)

La vie prédestinait Maria Montessori à devenir institutrice, seul métier accessible aux femmes à l'époque. Grâce à sa ténacité et au soutien de sa mère, elle finira ses études de médecine qu'elle complétera par une formation en biologie, en philosophie et en psychologie. Après avoir eu à traiter des enfants déficients, Maria se consacrera à l'enseignement et à la transmission de ses recherches. Des heures d'observation et de réflexion forgeront progressivement cette pédagogie dont nous connaissons aujourd'hui la pertinence et l'efficacité auprès des jeunes enfants, porteurs de troubles ou non, et qui permet de développer leur personnalité et nombre de compétences. Elle a transformé le regard porté sur l'éducation des enfants et révolutionné la pédagogie dans le respect de la personne de l'enfant et de son développement.

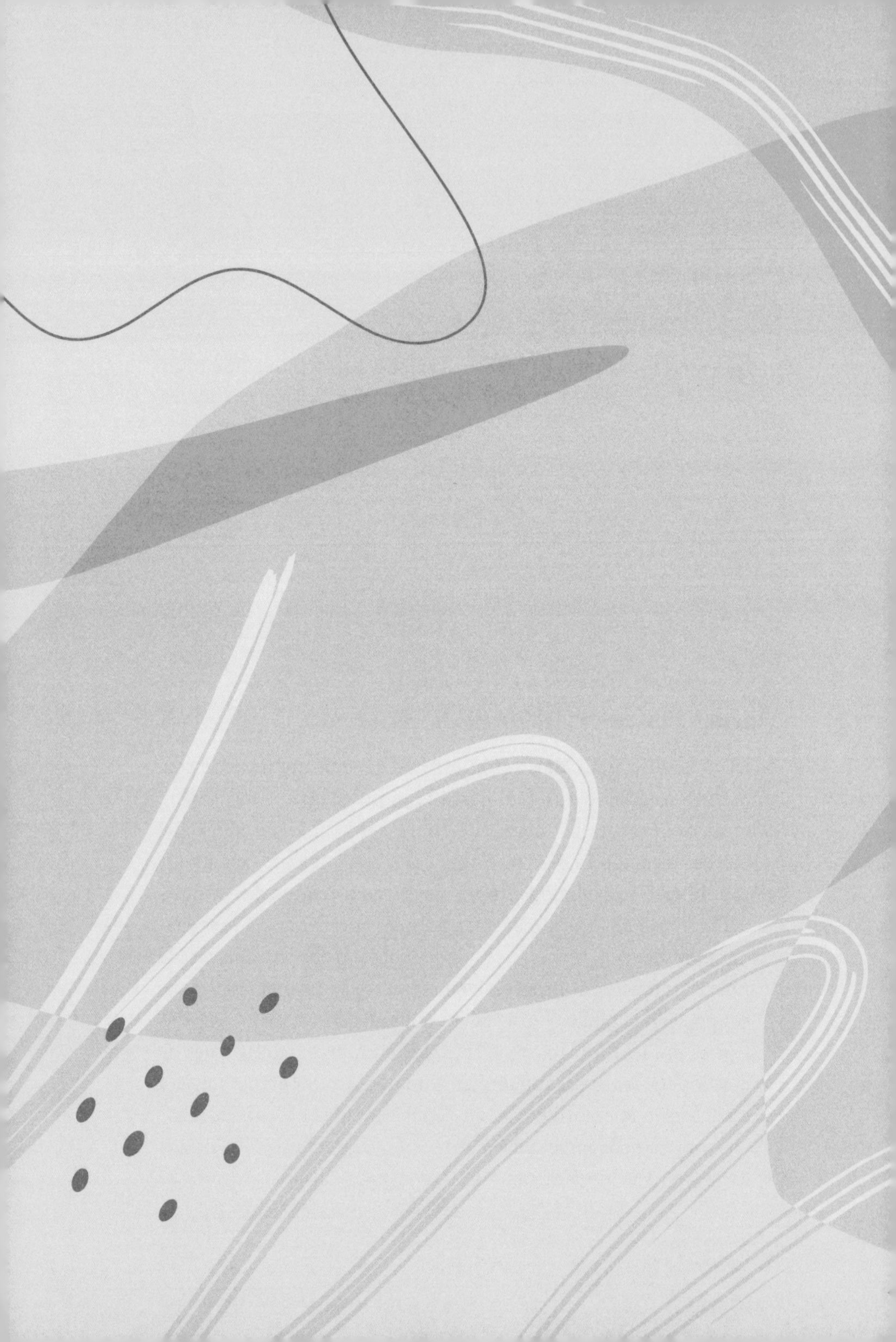

- 11 -
Le consentement

« Les filles sages vont au ciel,
les autres où elles veulent... »

Ute Ehrhardt

De : Aurélie
À : Julie

Impossible de terminer nos échanges à ce stade sans évoquer ce qui se produit à l'échelle internationale et dans notre pays autour de la question du consentement.

Je suis très heureuse que celle-ci émerge enfin aussi clairement, que l'on évoque la question des limites à ne pas franchir vis-à-vis des femmes. Avec une petite clarification d'emblée : hors de question de condamner l'envie de séduire chez un homme, bien au contraire, ce petit jeu, s'il reste délicat et respectueux, est charmant !

Malheureusement, il arrive que cela dérape et ce n'est plus acceptable. Je ne sais pas ce qu'il en est pour toi, mais lorsque je me souviens de mes débuts en tant que jeune journaliste, les situations embarrassantes, voire violentes, étaient nombreuses : de mon premier stage dans le service grand reportage d'un quotidien régional (où j'étais la seule femme, de vingt à trente ans plus jeune que tous les vieux « briscards » de la rédaction d'une misogynie terrible), à mon premier poste dans une émission de télévision où j'ai été « remerciée » par le producteur (dont j'ai appris par la suite les intentions peu louables), car il trouvait que je ne faisais pas assez d'effort pour lui consacrer mes soirées après mes journées de travail, et j'en passe...

J'ai échangé récemment avec une amie sportive de haut niveau qui me confiait avoir été victime d'un certain nombre d'abus, car le milieu dans lequel elle évolue est un monde d'hommes, où la force fait la loi. Elle rapproche ces manières de se comporter de celle dont la Terre est maltraitée aujourd'hui. La femme et la Terre : même combat ! Et je comprends son analogie.

C'est ici que je trouve que, en tant que mères, nous avons un rôle central à jouer : encourageons nos filles à aimer, mais aussi à établir clairement que la sexualité ne revient pas à céder à l'unique plaisir de l'homme.

Je me suis rendu compte que les limites que nous arrivons à imposer par la suite prennent souvent leurs racines dès le plus jeune âge de l'enfant : lorsque nos parents nous ont traitées avec sensibilité et respect, à travers un regard doux, aimant et souriant.

La psychiatre Catherine Bensaïd livre une expertise judicieuse en expliquant que « c'est aux petites filles de découvrir leur corps quand bon leur semble et de laisser la vie leur donner le temps nécessaire pour les instruire des charmes et autres plaisirs jusque-là interdits » (*Libre d'être femme*).

Cette question de l'intégrité des petites filles me touche particulièrement, car c'est bien ici que tout commence. Trop de petites filles puis de jeunes filles perdent la maîtrise de leur corps. Pas facile d'imposer une frontière ferme et de manière claire à toute forme de maltraitance. Et c'est à nous, en tant que mères, de les aider. D'éduquer nos petites filles, mais aussi nos petits garçons. Je vais te raconter une histoire personnelle qui reflète cela. Un jour, il y a eu un accident avec le fils (qui avait déjà eu des comportements déplacés soulignés par d'autres parents) d'une de mes « vieilles » amies. Sans entrer dans le détail, celui-ci a eu des gestes qui ont porté atteinte à l'intégrité de ma fille. N'ayons pas peur des mots. Certes, ils avaient six et cinq ans et sa mère a justifié cela en disant que TOUS (non, je ne crois pas !) les petits garçons de son âge faisaient la même chose, par « simple curiosité » (je précise que le petit ne jouait pas qu'au « docteur » !). J'ai compris que le dialogue était impossible, que les valeurs, les limites n'étaient pas les mêmes et que je n'avais qu'une mission : celle de protéger ma fille et de me positionner clairement pour qu'elle comprenne non seulement que j'étais là pour éviter que l'intolérable ne se reproduise, mais aussi pour lui expliquer au plus vite comment reconnaître la frontière entre « le dedans et le dehors », le monde des autres et celui de son intimité.

Bref, cet épisode (qui, un an après, continue à hanter ma fille) aura eu raison de mon lien avec cette amie, que j'aime toujours profondément, mais on ne tergiverse pas avec l'inacceptable. Ma fille est encore petite, mais je ne cesse de lui répéter que son corps lui appartient, et PLUS JAMAIS elle ne devra se sentir obligée de dire oui à quelqu'un et de faire quelque chose qu'elle ne veut pas. Faire du NON une fierté ! Je pense par ailleurs que sans aller jusqu'à ces comportements d'abus caractérisés, il est important de mettre en garde nos filles contre les différentes attitudes misogynes qui existent encore aujourd'hui. Parfois de manière sournoise, car elles peuvent s'exprimer de façon explicite ou « subtile ». Cela rejoint la considération qu'elles doivent porter à leur corps.

De : Julie
À : Aurélie

Je te rejoins complètement sur cette idée de consentement et sur le fait d'éduquer à la fois nos filles à respecter et à faire respecter leur corps, et nos garçons à respecter le désir et le corps des filles.

J'ai eu la chance d'avoir une éducation très claire à ce sujet, ma mère m'a répété sans cesse et ce depuis mon plus jeune âge : « Ton corps t'appartient et nul n'a le droit d'y toucher, à part toi ! Et si un adulte te touche étrangement ou s'il te demande de le toucher, tu dis NON et tu me le dis immédiatement. » C'était très clair dans ma tête depuis le début, j'ai toujours été très à l'aise avec ce sujet.

Ces mots, je les répète donc à ma fille très souvent, je suis convaincue que c'est notre rôle de mères de leur apprendre à se faire respecter le plus tôt possible. Le pire serait d'attendre la tragédie. J'aurais sans doute tenu le même discours à mon fils s'il s'était retrouvé dans un cursus sportif, religieux, musical ou autre, pratiqué avec un adulte isolé, un homme surtout... Les pervers existent malheureusement dans tous les milieux et dans tous les domaines, ne nous voilons pas la face, il n'y a pas de milieux rassurants ni de milieux à risques, il n'y a que des enfants qui peuvent redouter les déviations des adultes.

Mon éducation fondée sur l'idée que je devais me méfier des hommes, confortée par le comportement souvent déplacé de certains d'entre eux, aura tout de même créé chez moi une forme de « phobie » de la jupe, de la robe et du décolleté. Pour éviter le regard, que je trouve parfois très lourd et désagréable, de certains hommes mal élevés, irrespectueux et sans gêne dans la rue, dans le métro ou ailleurs et qui éveille chez moi une immense colère, je m'habille de jeans et de pulls qui montent haut.

J'évite ainsi toute forme d'ambiguïté et tout va pour le mieux. Je me sens plus libre dans mes mouvements et j'ai le sentiment de me mettre en sécurité. Mais peut-on parler de liberté quand on ne peut pas s'habiller comme on le souhaiterait ? Il y a quand même un problème, ne penses-tu pas ?

Bref, tu vas sans doute trouver cela hallucinant, mais le dernier geste déplacé (une main aux fesses) dont j'ai le souvenir est venu d'un enfant de huit ans, fils d'une cliente chez laquelle je me trouvais dans le cadre d'un coaching, il y a de cela quelques années. Il était dans le salon, il regardait sa maman faire du sport, puis, à un moment donné, il s'est levé et a posé sa main sur mes fesses. Surprise, j'ai tourné la tête et il m'a regardé droit dans les yeux. Aucun doute. Huit ans, ce n'est déjà plus un petit enfant. Et je suis encore persuadée aujourd'hui qu'il l'a fait en connaissance de cause. J'étais tellement surprise et hébétée que je n'ai rien osé dire. C'est aussi peut-être parce que c'était le fils d'une femme que j'appréciais que je n'ai pas réagi à haute voix, à part lui faire des gros yeux. Et dire quoi ? La mère m'aurait-elle cru ?

Le comportement de ce petit garçon ne me dit rien qui vaille pour la suite, sans vouloir le condamner pour autant.

J'espère, sur ce point au moins, avoir réussi l'éducation de mon fils, et je sais que son papa ne tolérerait pas non plus ce type de comportement déplacé envers une fille ou une femme.

Le « PAS TOUCHE » sans autorisation est un apprentissage nécessaire à tout âge !

J'ai en tête, en revanche, le souvenir d'un très beau moment avec un garçon qui m'avait demandé l'autorisation de m'embrasser. Il était pourtant très clair que nous étions terriblement attirés l'un par l'autre, mais il avait eu la délicatesse de vérifier, d'attendre mon consentement pour s'approcher de moi et m'embrasser. J'avais été agréablement surprise. C'est la première et dernière fois que cela m'est arrivé, je crois.

Et pourtant. Même un baiser devrait réclamer un consentement ! Sans aller jusqu'à la pruderie, il est poli, respectueux et tellement mignon de demander l'autorisation avant de poser ses lèvres sur quelqu'un d'autre. Alors je ne te parle pas du reste… de la main aux fesses, sur les seins et jusqu'aux rapports sexuels non consentis.

Ce matin, j'ai lu avec effroi dans la *newsletter* des Glorieuses qu'« une étudiante sur dix a été victime d'agression sexuelle et une sur vingt a été victime de viol selon le rapport « Paroles étudiantes sur les violences sexuelles et sexistes ». Affligeant.

Au XXIe siècle, certains garçons pensent encore qu'une fille qui s'amuse et qui boit un peu est juste bonne à coucher… Je dis NON, ça ne peut pas continuer ainsi. Apprenons à nos garçons à se contenir et à ne pas s'affoler dès qu'un bout de peau se dévoile.

Apprenons aussi à nos garçons et à nos filles que même mariés, nous ne sommes pas à disposition, au bon vouloir des hommes, quand ils en ont envie. Nous décidons si nous avons envie ou pas, et quand ! Un rapport non consenti même dans un couple « légitime », marié ou non, est un viol, n'ayons pas peur de le dire, et de leur dire car cela leur échappe probablement.

Ce mot « consentement », on l'entend dans bien des occasions. Nous pourrions aborder à présent le sujet du consentement dans le milieu médical si tu le veux bien… Il y a beaucoup à dire, n'est-ce pas ?

De : Aurélie
À : Julie

Il me semble avoir commencé à aborder ce thème plus tôt dans nos échanges (chapitre 4 sur le corps), mais bien sûr, ce thème du consentement est essentiel dans le domaine médical, nous pouvons y revenir. Il y a tout d'abord un livre qui constitue une référence : *Our Bodies, Ourselves*. Il a été publié en 1973 par le Collectif des femmes de Boston, édité en France en 1977.

Le domaine est vaste, raison pour laquelle je n'évoquerai qu'un seul exemple : celui de l'accouchement. Il arrive que, pour diverses raisons, les médecins soient obligés de provoquer le travail. Pour cela, ils doivent absolument en discuter avec leur patiente, écouter ses questions, prendre le temps d'y répondre. Vous avez bien évidemment le droit de refuser s'il s'agit d'une question d'emploi du temps du praticien plus que de votre sécurité et de celle de votre enfant.

On ne le sait pas toujours, mais il y a un certain nombre de gestes, d'actes, pratiqués pendant l'accouchement, auxquels vous pouvez dire NON. N'oubliez pas que vous conservez vos droits et votre liberté à l'hôpital. Aucun geste ne peut être fait sans votre consentement.

Concrètement, rien n'impose, pour commencer, d'accoucher à l'hôpital. Ensuite comme l'explique le docteur Martin Winckler, « des touchers vaginaux répétés à l'épisiotomie, en passant par le décollement des membranes, l'injection d'ocytocine, le perçage de la poche des eaux, l'expression abdominale et le dégagement respiratoire du bébé : tous les gestes peuvent être refusés ».

Il est vrai qu'en arrivant à la clinique, surtout s'il s'agit de notre premier enfant, nous sommes fragilisées. Remettre sa vie et celle d'un petit être entre les mains (au sens propre comme au sens figuré) d'un tiers, tout médecin soit-il, est un réel acte de confiance !

Voici pour la partie « accouchement », mais peut-être pensais-tu à autre chose ?

De : Julie
À : Aurélie

Quand on parle de consentement, il faut également prendre en considération la possibilité d'un NON-consentement. J'entends par cela la notion très forte d'un « NON » ferme et assuré. Tu me connais de mieux en mieux et tu sais à quel point j'ai des convictions fortes sur ce sujet.

Ce « NON » s'applique pour moi au pouvoir dominant du patriarcat, à toutes sortes de dominations, à la pensée unique, à la soumission.

Et, tiens, tant que j'y suis, c'est un « NON » que j'oppose également à l'épisiotomie par exemple. Je suis fière, au moment de la naissance de mes enfants, d'avoir écrit noir sur blanc dans un « projet de naissance » ce que je voulais, mais aussi ce que je ne voulais pas. Il y avait entre autres un « NON » à l'épisiotomie, décision guidée par ma sage-femme de l'époque, Gisèle, qui m'avait poussée à le faire par respect envers mon corps. « On peut faire autrement, sauf si c'est vraiment nécessaire, comme lors de l'utilisation de forceps par exemple », m'avait-elle dit. Et elle avait ajouté : « Nous, les sages-femmes, apprenons à faire autrement et c'est possible d'accoucher sans être découpée et mutilée. »

Des mots terribles car, dans certains cas, on peut littéralement parler de mutilation. Se servir de ciseaux est une chose, encore faut-il savoir recoudre sans trop faire de dégâts... Certaines femmes en sont même à redouter les rapports sexuels après une épisiotomie, car leur gynécologue a décidé de recoudre plus serré afin de donner plus de plaisir au mari. Une conception hallucinante et passéiste qui nie la vérité du corps et qui dépossède la femme de la propriété de celui-ci. À qui appartient ce corps ? À la femme fraîchement mère ou à son mari ?

Dire non encore à cette femme qui, lors de mon premier accouchement, appuyait de tout son poids sur mon ventre en criant : « Poussez », alors que je venais seulement de commencer mon travail et que je n'avais même pas eu le temps de faire mes preuves comme une grande. Je me félicite de lui avoir dit : « Si vous voulez bien vous donner la peine de lâcher mon ventre, je maîtrise parfaitement mon corps et mes abdos, merci ! » (J'étais sous péridurale !) Elle m'a lâchée et, en trois poussés, mon premier bébé était là, tout frais tout beau, et j'avais très bien géré toute seule.

Mais savoir dire non, qui nous l'apprend ? Avons-nous été élevées, en tant que petites filles, en tant que futures femmes, dans cette possibilité de dire non ? Pas si sûre et même encore aujourd'hui, malheureusement. Les « sois gentille », « sois polie », « souris » nous collent encore cruellement à la peau. Car dire non évoque un « Je ne t'aime pas » qui peut être difficile à assumer. Être capable de dire non, c'est ne pas craindre le rejet, l'abandon, d'avoir la croyance qu'en disant non, nous risquons de ne plus être aimées. C'est finalement un long processus lié à la confiance en soi et au respect de soi, de ses valeurs, ses besoins, ses envies. Apprendre à être de son côté, quelles que soient les circonstances. Si je n'ai pas envie, je dis non et cela devrait être OK pour tout le monde, sans turbulences intérieures, sans crainte, sans peurs.

Un garçon qui dit non sera félicité comme ayant du caractère, une fille qui dit non passera pour une « chieuse ». Elle ne sera pas accueillie avec ce « non », elle devra y mettre les formes, des paillettes, du rose, de la poudre qui sent bon et… le sourire, s'il vous plaît.

Le regard de la société a encore beaucoup de chemin à parcourir. Avant de tout révolutionner du jour au lendemain, prenons au moins conscience, observons et modifions ensemble ce qu'il est possible de changer, de faire évoluer. Je suis peut-être trop optimiste, mais j'y crois. Affirmons nos désirs, affirmons nos limites. Si nous ne le faisons pas, qui le fera à notre place ?

Soyons honnêtes avec nous-mêmes.

Comme toutes les femmes, nous avons dû dire non. Non à des hommes, non à des maltraitances, non à des abus de toutes sortes, médicaux, professionnels. Mais notre combat n'est pas fini…

Toutes, autant que nous sommes, devons chaque jour continuer à nous interroger sur les limites que nous devons poser et sur ce que nous pouvons accepter.

Combien de femmes sont encore violées quotidiennement ? Trop, beaucoup trop ! Combien de femmes meurent sous les coups de leur conjoint ? Trop, beaucoup trop !

Nous sommes en pleine période post-#metoo et #balancetonporc… grâce à des femmes qui ont dénoncé avec courage les abus psychologiques et physiques de certains hommes. Il était temps… Poursuivons le combat et condamnons ces abus de toutes sortes faits aux femmes ! Protégeons-nous et encourageons les femmes autour de nous à parler en toute confiance pour que tout cela cesse enfin !

Arrêtons de protéger ces hommes (on n'a pas dit tous les hommes !) qui se pensent tout-puissants, pour la liberté de toutes, et éduquons nos fils ! Pour pouvoir poser nos limites, pouvoir dire non, savoir ce que nous voulons et comment nous le voulons, il est important de bien nous connaître. Pour ce faire, l'ancrage dans notre propre corps et dans notre être est essentiel. Car notre corps est notre boussole.

Nous vous proposons ci-dessous une relaxation dynamique qui vient de la sophrologie, particulièrement efficace et qui permet un ancrage dans le corps :

- Dans une position debout ou assise, fermez les yeux et prenez le temps de quelques respirations profondes.
- Ressentez les points d'appui et de contact de votre corps sur la chaise ou le sol en dessous de vous.
- Sentez-vous soutenue par la terre, cette terre-mère qui est notre alliée.
- Puis, sur une grande inspiration, tournez la tête sur votre gauche et, sur l'expiration, tournez-la sur votre droite, comme pour exprimer avec votre tête un grand et conscient : « NON ! »

« NON à tout ce que vous ne voulez plus dans votre vie, NON à l'irrespect, NON aux abus, NON à l'intolérance… »

Imaginez si vous le souhaitez que, sur votre gauche, il y a tous ces sujets que vous voulez évacuer et que, sur votre droite, au-dessus de votre épaule, se trouve une poubelle dans laquelle vous déposez tout ce négatif en expirant.

Maintenant, vous allez faire entrer le positif :

- Inspirez en étirant votre tête en arrière.
- Expirez en rapprochant le menton de votre poitrine, l'expression d'un grand « oui » avec votre tête.
- Faites entrer à l'intérieur tout le positif, l'énergie dont vous avez besoin : « oui ! »

« Un grand oui à la vie, oui à votre place dans le monde, oui à votre besoin d'être respectée, oui à votre besoin d'être entendue… »

Maya Angelou (1928-2014)

Voilà une femme incroyable qui a réussi à se construire malgré le lourd fardeau de la ségrégation, de l'incompréhension, des douleurs et des épreuves, dont un viol subi à l'âge de huit ans. Elle devint écrivaine, actrice… et une figure importante du mouvement américain pour les droits civiques. Son livre autobiographique *Je sais pourquoi chante l'oiseau en cage* est particulièrement touchant. Elle y exprime ce qu'elle a mis en œuvre pour surmonter racisme et traumatismes tout au long de sa vie.

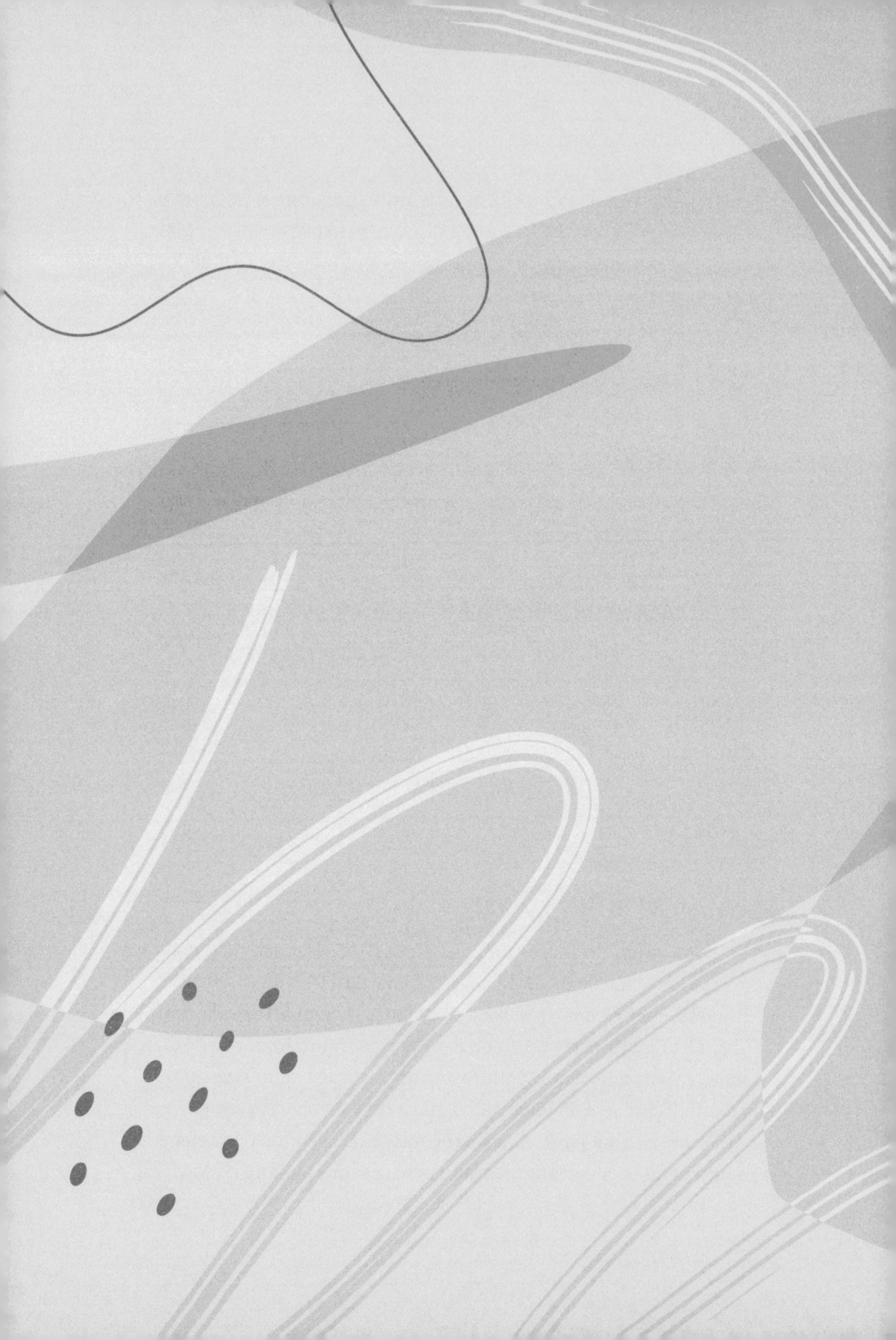

- 12 -

LETTRES OUVERTES

À nos frères, nos pères, nos fils

« Lasse de feindre si bien la force et le chabada
Ta garde et classe, hélas que je ne possède pas
Et jusqu'à quel âge vais-je manquer de tes bras ?
Aime-moi ou délivre-moi »

BRIGITTE, *Mon intime étranger*

LETTRE DE JULIE

Mes biens chers tous,

Je fais un rêve. Je rêve de ce jour où vous tous, les hommes, jeunes ou moins jeunes, saurez nous aimer entièrement, sincèrement, sans en avoir peur. Je vous vois venir avec une réponse rapide, immédiate, cinglante (car vous êtes comme ça) : « Mais moi, je n'ai pas peur de vous aimer ! » Eh bien si, vous le redoutez et je vais vous rappeler pourquoi...

Vous pourrez nous aimer vraiment quand vous n'aurez plus peur de nos différences, de nos particularités, de nos ambiguïtés, de nos forces, de nos faiblesses, de nos complexités, mais aussi de nos talents, de nos ambitions, de nos coups de gueule... Tout cela vous perturbe et vous donne envie de nous faire taire, d'une façon ou d'une autre, de nous couper nos ailes.

Il y a ceux qui frappent, les plus méprisables de tous, mais il y a aussi ceux qui plus sournoisement tournent la tête à nos commentaires (souvent intelligents) et qui disent parfois la même chose que nous mais autrement en s'appropriant sans complexe nos idées... Ouvrez vos chakras, messieurs, nous écouter, être à l'écoute de nos besoins, de nos envies, de nos peines, de nos colères, ne fera pas de vous des lâches ou des faibles. Loin de là. Vraiment.

Je rêve de ce jour où vous serez capables de ne plus nous voir uniquement comme des objets sexuels, pour ne pas dire pire..., uniquement là pour assouvir vos besoins. Nous sommes tellement plus que cela, nous sommes beaucoup plus que cela. Au passage, d'ailleurs, si vous pouviez cesser de nous regarder les seins quand vous nous parlez ou les fesses quand vous nous croisez… Les yeux, bon sang, on a dit les yeux ! Ou alors, si c'est plus fort que vous, ayez un je-ne-sais-quoi d'éducation ou de discrétion, ça pourrait faire l'affaire. N'oubliez pas non plus que le macho et le frimeur ne sont plus à la mode, qu'un garçon qui passe l'aspirateur, prépare un bon repas pour sa famille et fait tourner la machine avant que nous y pensions, c'est supersexy !

Nous sommes tout à la fois de la peau, des organes, des sentiments, des émotions, des sensations, des besoins (basiques aussi !), des envies, des idées, des révoltes, des chagrins, des colères, des doutes, des joies, des réussites, des défaites, des questionnements (beaucoup !), des culpabilités (malheureusement), des contradictions… Michel Tournier parlait de « femme paysage » pour exprimer la diversité et les variations au sein d'une même personne. J'aime bien cette expression car, oui, nous sommes tout cela et à la fois ; c'est parfois (je vous l'accorde) difficile à suivre, mais c'est ce qui fait notre charme, non ?

N'ayez crainte, nous ne sommes potentiellement une menace pour vous que dans votre esprit car, même avec nos multiples superpouvoirs, nous ne faisons aucun mal. Dans notre bande, il y a quelques brebis galeuses, perverses et qui tuent même parfois, mais en vérité, nos colères à nous sont généralement bruyantes mais inoffensives.

Soyez curieux, curieux de nous, de notre monde intérieur merveilleux. Sortez de ce que les vieux livres ont voulu vous faire croire, pensez par vous-mêmes, pensez avec votre cœur pour changer. Nous pouvons être à la fois saintes et catins, c'est chouette la diversité, non ?

Découvrez notre belle énergie à travers des œuvres dessinées, peintes ou sculptées par des femmes, des œuvres littéraires écrites par des femmes, des textes écrits et chantés par des femmes, des films écrits et réalisés par des femmes, c'est merveilleux je vous assure. Toutes ces jolies choses proviennent d'un sixième sens et d'une imagination débordante très développée chez nous et nous avons, à travers ces dons, les clefs, les réponses à des questions cruciales, élémentaires ; alors ouvrez vos oreilles et vos yeux, ça pourrait bien vous servir aussi.

On dit d'ailleurs que derrière chaque grand homme, il y aurait une femme, mais ce n'est pas une raison pour nous laisser dans l'ombre, sur ce point je pense que nous avons assez donné. Je rêve d'un « Liberté, Égalité, Fra-Sororité ». Et n'oubliez pas non plus que les vrais hommes aiment les femmes intelligentes, celles qui ont des choses à dire !

Soyez le changement. Soutenez-nous, admirez-nous, respectez-nous, écoutez-nous !

Ensemble, nous y arriverons, j'en suis sûre.

Ensemble sur la première place du podium, la vie serait enfin agréable pour tout le monde.

Ensemble, pour que les relations entre vous et nous soient transformées durablement et deviennent enfin égales et saines.

Affectueusement.

Julie

LETTRE D'AURÉLIE

Cette lettre est un peu compliquée à écrire pour moi, ayant dû faire le deuil d'une relation idéalisée avec la branche masculine de ma famille. Peut-être est-ce pour cela que j'ai moi-même développé un côté yang ? Pour entreprendre, me battre, me protéger, quitte à y laisser bien des fois ma santé. Eh oui, en bon petit soldat, je n'ai pas toujours écouté ni ma voix intérieure ni mon corps. Il a fallu que j'apprenne à accepter ma vulnérabilité, à lâcher le contrôle pour me reconnecter pleinement à ma vérité.

Et, pourtant, il y a eu des phares sur mon chemin qui m'ont redonné confiance en ces valeurs masculines. J'ai eu la chance de rencontrer des « modèles alternatifs ». Les côtoyer m'a rendue plus forte. Je n'en citerai que trois : Michel Fréret, mon professeur d'histoire-géographie au collège, et deux philosophes qui sont devenus de proches amis : Frédéric Lenoir et Michel Onfray. Ils m'ont permis de me construire et d'entendre un discours sur la masculinité nouveau pour moi.

Après, comme tout le monde, j'ai eu droit à mon lot de rencontres plus ou moins toxiques, mais j'ai décidé d'en tirer un certain bénéfice, ce fameux « bénéfice de l'expérience ». Nous nous retrouvons toutes face à quantité d'esbroufe masculine, à chaque étape de notre vie. C'est pour cette raison qu'il est important que les jeunes filles aient d'autres références pour se construire. Et vous avez ici, messieurs, un rôle déterminant à jouer, car cela passe par l'exemple. Aussi, si j'avais un message à vous adresser, chers amis, j'ai envie de vous parler de votre masculin « blessé » (comme le nôtre), mais sacré aussi. Car si on parle beaucoup du féminin blessé, on évoque moins ce masculin, qui peut lui aussi être meurtri.

À l'intérieur de nous, les dysfonctionnements des polarités féminine et masculine ont eu des conséquences millénaires dans les différents domaines de notre vie : dans notre rapport au couple, dans la sexualité, au niveau professionnel... Cela nous a longtemps enfermé·e·s dans des normes sociales qui nous ont empêché·e·s de pouvoir exprimer qui nous étions vraiment et surtout notre plein potentiel. Remettons ces énergies à leur juste place pour nous recentrer et nous rapprocher de notre être véritable ! Laissons de côté les vieilles croyances et les anciens schémas qui nous empêchent d'évoluer, en oubliant ce que peut nous apporter la richesse des énergies masculine ET féminine.

Pendant longtemps, le patriarcat a écrasé le féminin, l'émergence de ses valeurs même chez les hommes. Il est vrai qu'aujourd'hui, ceux-ci changent et peuvent ne plus se retrouver dans tous les modèles que la société leur propose. Ceux qui sont sensibles recherchent l'amour et la tendresse tout en éprouvant une perte de leurs repères. Voilà pourquoi il est important d'intégrer ces valeurs féminines et masculines en chacun·e de nous pour rétablir un équilibre, de nettoyer ce qui dysfonctionnait dans le masculin pour n'en garder que la beauté, retirer certains excès et laisser émerger cette énergie féminine. Il s'agit de nous réapproprier cet espace pour nous changer et changer le monde. Repositionner les énergies dans les différents domaines de notre vie.

Tout comme les femmes ont besoin de trouver un pilier, de s'ancrer à l'intérieur des énergies masculines, j'encourage les hommes à aller contacter toutes leurs ressources, notamment féminines, pour libérer leur potentiel. Nous sommes en période de mutation, avec un basculement à faire sur nos croyances, notre structure pour écrire ensemble un nouveau livre.

Les portes d'entrée de cette compréhension sont différentes et complémentaires. En tant que père, par exemple, le masculin harmonieux doit être en plus de la sécurité indiscutable procurée à l'enfant, l'apport d'une ouverture au monde, à l'autre, une capacité de discernement et de hauteur de vue.

Nous sommes bousculé·e·s plus que jamais dans notre vie de tous les jours, à l'aube certainement d'une nouvelle ère, c'est une des raisons pour lesquelles le masculin et le féminin sont deux piliers que nous avons besoin de faire évoluer. Les hommes, tout comme les femmes, recherchent du sens à leur vie, à leur existence, à être reconnus pour qui ils sont vraiment. Certains cherchent à s'ouvrir à ce qui compte réellement pour eux, à se réaliser tout en exprimant leurs sentiments et émotions. Il est temps d'enterrer la hache de guerre, d'en finir avec le clivage des genres. Si nous parlions plutôt d'énergies féminines et d'énergies masculines ? Car en nous clivant, nous nous déconnectons, d'une part, de nous-mêmes, la plus intime, et nous sacrifions, d'autre part, la possibilité de tisser des relations, des connexions, belles et authentiques.

Et si la liberté d'expression des femmes et la vulnérabilité assumée des hommes s'apprivoisaient, se conjuguaient, pour une transformation profonde des relations, et donc (car finalement, n'est-ce pas ce qui compte le plus ?) pour une transformation de la société ? Ne plus être l'un contre l'autre mais l'un avec l'autre ! Découvrons-nous dans nos différences, nos aspirations, nos forces et nos faiblesses. La guérison du masculin est intrinsèquement liée à celle du féminin : l'un ne peut guérir sans l'autre, l'un ne peut se révéler sans l'autre.

On a souvent associé le ventre au masculin, au pouvoir, et le féminin au cœur, à l'amour. Et pourtant, je pense aujourd'hui que nous pouvons réconcilier notre ventre et notre cœur. Cela ne signifie en rien que nous sommes semblables, mais je ne veux pas réduire cette lettre à un pamphlet féministe. Je la souhaite comme une ode à la liberté, celle d'être soi. Car être libre signifie aussi savoir faire de la place à l'autre. Changeons de paradigmes, soutenons-nous et collaborons pour une société plus équitable. Le masculin est appelé à se transformer tout autant que le féminin sur notre planète. Offrons-nous, ensemble, l'espace nécessaire pour nous révéler, dans toute notre authenticité, notre vulnérabilité aussi, pour entamer enfin ce chemin de réconciliation et de guérison.

Je ne suis pas pour une certaine forme de féminisme « allégé », selon lequel il y aurait des conditions à l'égalité entre les sexes. Non et non. J'ai entendu cette expression et je la reprends ici car elle me semble tellement juste : « Être féministe, c'est comme être enceinte : tu l'es ou tu ne l'es pas. »

Je suis donc féministe, je l'assume, mais aussi fervente défenseuse de la gent masculine. Oui, oui, c'est possible... Cela vous choque ?

Avec tout mon amour,

Aurélie

Remerciements de Julie

Quelques femmes ont été essentielles dans ma vie. Je ressens à leurs égards une immense gratitude. Elles ont été pour moi des modèles de courage, de détermination, d'amour et même parfois de challenge envers moi-même, j'ai appris de chaque instant avec elles.

Un grand merci à mes grands-mères, Élisabeth et Renée pour votre amour inconditionnel et éternel qui me porte chaque jour. Vous n'êtes plus là mais votre présence m'anime à chaque instant.

Un immense merci à ma maman, Marie-José qui est et restera un magnifique exemple de force, de courage et de détermination ; un soutien irréductible et sans faille également.

Un merci intime et ému à mes enfants, des féministes en herbe, pour m'avoir choisi pour être votre maman, vous me rendez fière de ce privilège chaque jour.

Merci à mes chères amies, tout particulièrement Magalie et Joy, pour leurs soutiens sans faille dans les moments difficiles. À travers vous, j'ai découvert la puissance de la sororité.

Merci à Babette, Sylvie S. au docteur Frédérique C., à Sylvette N., à Gisèle D., à Estelle Lefébure, des femmes incroyablement inspirantes, courageuses, libres et lumineuses, qui ont été des lanternes sur mon chemin, à des moments cruciaux de ma vie de femme.

Merci également aux hommes féministes et bienveillants de ma vie : Alain, mon beau-père, Nicolas, mon mari et Florent, mon meilleur ami.

Merci à Aurélie Godefroy, pour avoir accepté d'inaugurer le premier webinaire « Loin mais Ensemble » avec moi en mars 2020. Nous sommes devenues alors, sans le savoir à ce moment-là, des sœurs d'âme et d'écriture.

Profonde reconnaissance à Sandrine Navarro pour sa confiance et Isabelle Chave pour sa patience ; votre intelligence et votre bienveillance ont été des ressources infinies.

Bibliographie

À nos sœurs, nos mères

- ADLER L., *Le Corps des femmes : Ce que les artistes ont voulu faire de nous*, Albin Michel, 2020.
- ALLIONE T., *Nourrir ses démons*, Le Jour, 2010.
- ALVAREZ C., *Les Lois naturelles de l'enfant*, Les Arènes, 2016.
- ANCELIN SCHUTZENBERGER A. et DEVROEDE G., *Ces enfants malades de leurs parents*, Payot, « Petite Bibliothèque », 2005.
- ANCELIN SCHUTZENBERGER A. et BISSONE JEUFROY E., *Sortir du deuil, surmonter son chagrin et réapprendre à vivre*, Payot, « Petite Bibliothèque », 2008.
- APTER T, *Les Mères toxiques*, Ixelles Éditions, 2014.
- BADINTER E., *L'Amour en plus*, Flammarion, 2016.
- BALLET DE COQUEREAUMONT M.-F. et E., *Vos parents ne sont plus vos parents*, Eyrolles, 2020.
- BEAUVOIR S. DE, *Le Deuxième Sexe*, Gallimard, « Folio Essais », 1986.
- BENAS J.-C, *Les Constellations familiales*, Leduc, « Pratique », 2020.
- BENASSOULI A., *Clivage hommes/femmes ça suffit !*, Vega, 2020.
- BENSAID C., *Libre d'être femme*, L'Iconoclaste, 2016.

- Bonnet M.-J., *La Maternité symbolique. Être mère autrement*, Albin Michel, 2020.
- Boublil E., *Body blues*, L'Iconoclaste, 2015.
- Bromet-Camou M., *Guérir de sa famille et enfin vivre sa vie*, Points vivre, 2019.
- Calestrémé N., *La Clé de votre énergie*, Albin Michel, 2020.
- Célestine A., *Des vies de combat*, L'Iconoclaste, 2020.
- Chemaly S., *Le Pouvoir de la colère des femmes*, Albin Michel, 2019.
- Chollet M., *La Puissance invaincue des femmes*, Zones, 2018.
- Cluzat A., *Les Mystères de la femme*, Fayard, « Elle Encyclopédie », 1961.
- Daudin E., *Liberté égalité maternité*, Leduc, 2020.
- Delcourt T., *Hystériques ? Histoire de la violence thérapeutique faite aux femmes*, Eyrolles, 2021.
- Dolto F., *La Sexualité féminine*, Gallimard, « Folio Essais », 1999.
- Donath O., *Le Regret d'être mère*, Odile Jacob, 2019.
- Doyle S., *Dead Blondes and Bad Mothers*, Melville House, 2019.
- Dreher D., *Le Tao de la femme*, Payot, 2018.
- Emil Duprée U., *Ho'Oponopono*, Contre-Dires, 2012.
- Flaumenbaum D., *Femme désirée, femme désirante*, Payot, « Petite Bibliothèque », 2017.
- Fontanel S., *Une apparition*, Pocket, 2019.
- Froidevaux-Metterie C., *Le Corps des femmes : la bataille de l'intime*, Philosophie Magazine Éditeur, 2018.
- Gallot C. et Michel C., *La Charge sexuelle*, First, 2020.
- Gibran Khalil, *Le Prophète*, Le Livre de poche, 1996.

Bibliographie

- GUEGUEN C., *Lettre à un jeune parent*, Les Arènes, 2020.
- GUNZBOURG H. de, *Notre corps, nous-mêmes : écrit par des femmes, pour les femmes*, Hors d'atteinte, 2020.
- HENNEZEL M. de, *L'Âge, le Désir et l'Amour*, Pocket, 2015.
- HÉRITIER F., *Masculin/Féminin I*, Odile Jacob, 2013.
- KUBLER-ROSS E. et KESSLER D., *Sur le chagrin et le deuil*, Pocket, 2011.
- KUBLER-ROSS E. et KESSLER D., *Leçons de vie*, Pocket, 2004.
- LACHOWSKY M., *Un temps pour les femmes*, Odile Jacob, 2005.
- LECOQ T., *Libérées ! Le combat féministe se gagne devant le panier de linge sale*, Le Livre de poche, 2019.
- LEFRANC S., *Yoga du visage*, Leduc, 2020.
- LÉVY-WILLARD A., *Chroniques d'une onde de choc*, Éditions de l'Observatoire, 2018.
- LION-JULIN M, *Mères : libérez vos filles*, Odile Jacob, 2010.
- MARQUIS S., *La Nature dans ma vie*, Michel Lafon, 2017.
- NGOZI ADICHIE C., *Chère Ijeawele*, Gallimard, 2020.
- ORTOLON M., *La Femme tantrique*, Le Courrier du livre, 2019.
- PRALONG J., *Touche pas à mon corps*, Cabédita 2020.
- PRIEUR N., *Amour, Famille et Trahison*, Marabout, 2008.
- SAINT-LAGER C. de, *La Voie de l'amoureuse*, Artège 2017.
- SALOMON P., *La Femme solaire*, Le livre de Poche, 2001.
- SARAZIN-CÔTÉ J.-A., *Féminin sacré*, Marabout, 2019.
- SCHMIDT F., *Lâchez-nous l'utérus !*, Hachette, 2019.
- THORÈS RIAND P., *Blessure de mères*, Odile Jacob, 2019.
- TUAILLON V., *Les Couilles sur la table*, Binge Audio Éditions, 2019.
- VERSINI M., *Enfin réunis*, Michel Lafon, 2015.
- WINCKLER M., *C'est mon corps*, L'Iconoclaste, 2020.

À nos filles

- Babin A., *Histoire du soir pour filles rebelles : 100 femmes françaises extraordinaires*, Les Arènes, 2020.
- Bagieu P., *Culottées : intégrale*, Gallimard, 2020.
- Cavallo F. et Favilli E., *Histoire du soir pour filles rebelles*, t. 1 et 2, Les Arènes, 2017 et 2018.
- Garguilo N. (illustrations), *Girl power : les sportives*, Talent Éditions, 2017.
- Morgenstein S. et Azam J., *Une mère, comment ça aime ?*, La Martinière Jeunesse, 2014.
- Ngozi Adichie C., illustré par Salaberria L., *Nous sommes tous des féministes*, Gallimard Jeunesse, 2020.
- Ovidie, Mey L. et Vincent A. (collectif d'auteurs), *Ceci est mon corps*, Causette et Rageot, 2020.

Romans graphiques, BD

- Lafitte, Strag et Duphot, *Le Manifeste des 343. Histoire d'un combat*, Marabulles, 2020.
- Hubert, Zanzim, *Peau d'homme*, Glénat, 2020.

À écouter, à voir

- « Apprenez aux filles à être courageuses et pas à être parfaites », une conférence de Reshma Saujani sur Ted.com.
- « Bout de cul », un podcast de Kinoko.
- « Les couilles sur la table », un podcast de Victoire Tuaillon.
- « Elles ont osé », un podcast des *Échos*.
- « Gang of witches », un podcast animé par Sabrine Kabaoui.
- « Les Glorieuses », une *newsletter* et un compte Instagram de Rebecca Ansellem.
- « Métamorphose, le podcast qui éveille la conscience », un podcast d'Anne Ghesquière.
- « Les Petites Glo », la *newsletter* du 22 décembre 2020.
- « La poudre », un podcast de Lauren Bastide.

NOTES

Cet ouvrage est composé de matériaux issus
de forêts bien gérées certifiées FSC®, de matériaux recyclés
et de matériaux issus d'autres sources contrôlées.
Le Forest Stewardship Council® est une organisation internationale non gouvernementale qui encourage une gestion écologiquement adaptée, socialement bénéfique et économiquement viable des forêts de la planète.
Pour en savoir plus, consultez le site www.fsc.org

FSC
www.fsc.org
MIXTE
Papier issu de sources responsables
FSC® C007507

Achevé d'imprimer en avril 2021 par Graphycems
Dépôt légal : avril 2021
Imprimé en Espagne